校园球类运动开展的理论与实践

何晨阳　著

天津出版传媒集团

天津人民出版社

图书在版编目（CIP）数据

校园球类运动开展的理论与实践 / 何晨阳著. -- 天
津：天津人民出版社, 2021.2
ISBN 978-7-201-17147-0

Ⅰ.①校…　Ⅱ.①何…　Ⅲ.①球类运动－学校体育－
研究　Ⅳ.①G84

中国版本图书馆 CIP 数据核字(2020)第 271502 号

校园球类运动开展的理论与实践
XIAOYUAN QIULEI YUNDONG KAIZHAN DE LILUN YU SHIJIAN

出　　版	天津人民出版社
出 版 人	刘　庆
地　　址	天津市和平区西康路35号康岳大厦
邮政编码	300051
邮购电话	(022)23332469
电子邮箱	reader@tjrmcbs.com

责任编辑	孙　瑛
封面设计	吴志宇
内文制作	牧野春晖(010-82176128)

印　　刷	北京市兴怀印刷厂
经　　销	新华书店
开　　本	710毫米×1000毫米　1/16
印　　张	12.5
字　　数	204千字
版次印次	2021年4月第1版　　2021年4月第1次印刷
定　　价	79.00元

前　　言

随着国家对校园球类运动发展的重视，球类运动已经成为校园体育运动的主要组成部分之一，越来越多的学校将球类作为体育教学的内容。在如今的教育体制下，如何适应体育教育改革，注重自我创新，是所有学校体育教师必须思考并研究解决的问题。

受到传统理念的影响，我国体育教学内容和形式相对单一，缺乏有效的体育运动教育内容和方法。而且教学内容始终处于单调重复的状态，对于每位学生的身体条件、精神状态没有因人而异地制定教学内容，遭成学生主动参与教学活动的兴趣较低。由于学校对于体育课程不重视，在体育课程的设置上简单随意，没有安排具体的教学内容，就是简单的跑圈、自由活动，教学内容枯燥，导致了学生的厌学。

随着我国教育改革逐渐深入，鼓励学校开展素质教育，促进学生的全面发展，体育课程越来越受到重视。高校教育作为我国素质教育发展的重要阵地，是培养综合型高素质人才的主要基地，各类高校应该提高对体育教育的重视，提高学生的综合素质。球类运动作为趣味性强、推广潜力大的体育运动项目，是高校开展综合体育教学的最佳切入点。以此为出发点，作者运用逻辑推理、参考文献资料针对高校体育教学中球类运动专项技能教学以及球类运动的校园开展进行分析，对当前高校主要球类运动项目的教学与开展进行了分析与研究，以期为促进高校球类运动的发展提供参考。

本书以足球、篮球、排球三大球类运动为主体研究对象，通过对三大球类运动的起源、历史、训练技巧等内容的分析，引发对三大球类运动在校园开展与推广的思考，并着眼于当前我国校园球类运动开展实践，对其他球类运动的校园开展进行分析和研究。本书的内容主要包括：足球运动的起源与发展、足球基本技术与校园足球开展、篮球运动的起源与发展、篮球运动技术与校园篮球开展、排球运动的起源与发展、排球运动技术与校园排球开展、其他球类运动的校园开展。

本书在写作过程中，参考了很多专家、学者的理论报告和著作，在此，作者首先要对这些专家和学者表示衷心的感谢。时间精力有限，本书难免存在疏漏和缺陷，希望各位读者能够批评指正。

作　者

2020 年 6 月

目　　录

第一章 足球运动的起源与发展

第一节 足球运动的起源

一、国外古代足球运动的发展

一直以来，关于足球运动的起源有很多传说。国外研究足球历史的学者认为：足球可能起源于中国古代的"蹴鞠"、日本的"克马锐"（Kemari）、罗马的"哈巴斯托姆"（Harpastum）、希腊的"埃佩斯卡洛斯"（Episkaros）、意大利的"吉奥库迪·卡利西奥"（Gioco del Calcio，一种踢球的动作）。其中，前三种说法都能在历史遗留的线索中找到依据。1901年，朱塞兰德（Jusserand）提出，英国和法国的乡间足球有很多相似之处，它们很可能起源相同。据法国的相关文字记载，足球是在11世纪由诺曼底人带到英国的。另外，还有学者推断，在历史发展的某个阶段，中国、日本、希腊、意大利、古罗马、英国、法国等国家，基本上都有人从事一种球类运动，这种球类运动被认为与原始的足球有着某种必然的联系。

在足球运动的发展过程中，球的制作工艺、技术的发展以及军事上对此项活动的需要使得比赛的方式多种多样。哈巴斯托姆的比赛分为上、下半时，双方的目的是把球带过对方的底线。在法国，比赛方式同哈巴斯托姆基本一样，只是球场非常大，可以有一条街长，或把临近两个村内的教堂或公共建筑物作为场地的两条底线。据有关文献记载，公元1066年后，哈巴斯托姆传入英国，并在11—12世纪时开始盛行。当时既无规则又无场地，成群结队的人常常在街道上，甚至闹市区用脚或手任意踢球、掷球。这种比赛粗暴、混乱，严重影响了社会公共秩序，遭到当时统治者的反对。在1314年至1660年间，当地政府禁止开展足球及其他相关活动的记录超过了30次。但这种运动在民间继续发展着，并在1490年正式定名为足球（football）。

1681年，英王查理二世废除禁令，这种类似现代足球运动的活动重获自由。到了18—19世纪，英国不少大学开始盛行足球活动。19世纪中期，足球活动不仅在学校中广泛发展，社会上也有很多人参加。

二、中国古代足球运动的起源与发展

（一）蹴鞠的起源

20世纪50年代末，我国体育史研究者唐豪先生在《中国体育史参考资料》（第7、8辑）一书中，针对过去学者提出蹴鞠起源于黄帝和战国时期的两种说法提出了新的见解，他根据殷墟甲骨文上的"汤"字和汉代画像石上刻有的蹴鞠舞，提出了我国在殷商时期就有了蹴鞠这项活动，那时的蹴鞠活动常被用在祈雨仪式当中。

孙红禺、饶纪乐先生在《中国古代足球（蹴鞠）起源考辨》一文中，针对我国古代蹴鞠起源于黄帝、殷商以及战国时期等三种不同的说法进行了综合分析，驳斥了黄帝和殷商起源说，最终认为我国古代蹴鞠起源于士兵踢球（球状物）比赛，其产生时间大约在公元前770—前450年之间。

袁合先生在《论石球由狩猎工具到游戏器具的嬗变》一文中认为，在旧石器时期，原始人类把打磨粗糙的石球除作为狩猎的工具外，还被用于教授后代投掷练习的器物。后来随着弓箭的产生、捕猎工具的进步，石球逐渐变成了娱乐的器物，并最终导致了后来陶球的出现以及蹴鞠运动的产生。

"足球起源于临淄"专家论证会中的与会人员在《足球起源于临淄专家论证会纪要》一文中说，2004年6月在山东省淄博市临淄区举行的"足球起源于临淄"论证会上，来自考古学、中国体育史学、国家体育总局文史工作委员会、中国足协以及齐文化研究领域的36位专家参加了论证会。会后专家们以古代文献史料和考古学资料为依据，对中国古代蹴鞠的起源、形成和发展进行了多角度的论证，最终得出中国古代蹴鞠起源于战国时期齐国临淄的结论。

袁大任先生在《足球溯源定论记》一文中述说了2004年6月"足球起源于战国时期齐国临淄"定论会的场景，指出专家们通过对史料中关于蹴鞠记载的考证，并结合对当时齐国的政治、经济、社会文化等方面的分析，进而得出蹴鞠起源于战国时期齐国的都城临淄的结论。

崔乐泉先生在《中国古代蹴鞠的起源与发展》一文中，不仅对蹴鞠起源的三种说法进行了比较分析，同时还结合古代文化典籍中关于蹴鞠的记载，把我国古代各个历史发展阶段蹴鞠的开展情况作了介绍。

杨林、刘少英两人在《古代蹴鞠与现代足球的历史演进探究——兼谈民族传统体育的现代化》一文中指出，我国古代把足球叫作蹴鞠，现在能够证明我国蹴鞠真正起源的时间还无从考证。书中还对刘向《别录》《太平清话》两本书中关于蹴鞠起源的记载做了分析，并最终认为那些都是传说，不足为信。而在对《史记·苏秦列传》中蹴鞠活动的开展情况进行考证时，作者给予了肯定。同时书中谈到，两汉时期蹴鞠活动的发展已初具规模，这得益于汉朝空前强盛的国力和昌明发达的文化艺术。正是在经济发展、国力强盛以及皇室的大力提倡下，两汉体育活动开始盛行，蹴鞠活动也得到了快速的发展。

傅砚农先生在《运动项目起源地思辨——由足球起源地论证引发的思考》一文中，认为判断一个运动项目起源时间和地点的标志应该以该运动项目的成形为依据。根据这一点再结合《史记·苏秦列传》上关于蹴鞠在齐国开展情况的文字记载，他最后认为蹴鞠起源于战国时期的临淄。

王赛时在《有关齐国故都临淄为足球发源地的历史论证》一文中，从历史学的角度，通过对《别录》和《史记》等古代史料中关于蹴鞠的记载进行分析、考证，认为蹴鞠起源于战国的说法是比较可信的。原因是经历了春秋时代的诸侯大战，在当时的华夏领土上只剩下了七个大国和若干个小国，只有实力强大的大诸侯国才有能力开展体育运动，而在这七个大的诸侯国之间，唯有齐国的经济最为繁荣，文化最为昌盛，故在齐国诞生蹴鞠的可能性也就最大。

梁柱平先生在《我国古代足球的起源与演变》一文中，根据《别录》一书中关于蹴鞠的记载，认为现在蹴鞠起源的说法有两种，一种是黄帝起源说，一种是战国起源说。

综上所述，关于我国古代蹴鞠起源的研究很多，在这诸多的研究中主要还是集中在对现存史料中关于蹴鞠起源时间以及地点的推敲、辨别和考证上。其中关于蹴鞠起源时间的研究主要有黄帝起源说、殷商起源说、战国起源说等三种不同的说法，这其中不同的学者从不同的角度分别进行了论述。关于蹴鞠起源地点的研究大多数人认为，古代齐国的国都临淄是蹴鞠的发源地。虽然他们都对蹴鞠起源于历史中何时、何地，进行了大量的历史分析，但很少有人去说明为什么蹴鞠会出现在那个时代，更没有结合当时的社会生产力发展水平，当时社会的政治、经济、文化等社会历史背景去作全面系统深入的分析。

（二）蹴鞠运动的发展

1. 战国时期

从文献记载来看，2500年前的战国时代就有了蹴鞠。从名称上看，汉代以前是用"蹋鞠"一词，"蹴鞠"一词是在汉代出现的，汉代初年两词并用，之后才确定蹴鞠的基本叫法。虽然在各个朝代出现许多不同的名词，但蹴鞠一词一直被沿用下来。

当时的球用皮革制成，中间填满毛发。蹴鞠是什么样的，目前尚无法考证，但可以肯定的是，当时开展的蹴鞠多是平民式的消闲娱乐活动，具有很强的群众性。这与军队的练武手段和庙堂祭祀的鞠舞在性质上有很大的区别。

2. 两汉时期

汉代蹴鞠的发展有两方面特征：一是娱乐性增强，配合音乐伴奏，由自娱性消闲娱乐发展为观赏性表演娱乐，成为"百戏"表演中的一种节目；二是发展成为军事训练手段，是军事检阅的组成部分，在运动形式上发展为有较强对抗性的竞赛。这两种蹴鞠运动形式在西汉时期都得到了广泛的开展。

李尤《鞠城铭》中记载，"圆鞠方墙，仿像阴阳；法月衡对，二六相当"，说明当时球场是长方形的，两端各设六个月洞式圆形"鞠室"，四周有围墙，含天圆地方的寓意。书中还记述了"建长立平，其例有常"的竞赛办法，说明两队有队长，比赛有规则、有裁判员。"不以亲疏，不有阿私，端心平意，莫怨其非。鞠政犹然，况乎执机"，说明对参赛选手和裁判均有所要求。虽然这还不能完全说清楚蹴鞠的方法和规则，关于球场设备和双球门的竞赛方法还需进一步寻求佐证，但是汉代蹴鞠是激烈对抗的竞赛形式是可以肯定的。

据《汉书·艺文志》所刊目录记载，我国第一部专门论述足球比赛方法和技术的书籍是汉代的《蹴鞠二十五篇》。在汉代，蹴鞠已经传到天山南北，并逐步影响西亚各国。

3.唐宋时期

唐宋时期的蹴鞠是节日娱乐活动的内容，不仅流行于民间，也流行于宫廷（图1-1）。在唐代，球的制作工艺比汉代有了很大的进步，已能用几何图形组圆，并用动物膀胱放在皮壳内，以嘴吹气，使球变得有弹性且可以弹起。

图 1-1　蹴鞠流行于唐代宫廷

在唐宋时期，蹴鞠有两种踢法：一种是有球门的成队比赛，称为筑球，一般是在朝廷大宴及外交宴会上表演，是一种单球门的间接竞赛，但开展得不够广泛。另一种是没有球门的个人比赛，称为白打，有1人场、2人场……直到10人场，这种踢法历史最久，开展得很广。

宋朝的皇帝和贵族都很喜欢蹴鞠活动，并在朝廷的礼仪中把蹴鞠定为朝廷大宴表演的项目之一。受其影响，在北方建国的辽、金也将蹴鞠作为宴会表演节目。在宋代，为了满足人们的文化娱乐需要，城市中有了综合性的游乐场——瓦舍，瓦舍中有供艺人演出的勾栏，蹴鞠也是在勾栏中进行的各种演出活动之一。另外，各种艺人还组织了自己的团体——会社。蹴鞠艺人的会社就叫齐云社。早在汉唐时期，皇室和贵族的家中就有专业的蹴鞠艺人，称为"鞠客""内园小儿"，是专为统治阶级从事表演活动的。宋代的朝廷也有专业蹴鞠艺人，而城市瓦舍中的蹴鞠艺人则是民间的，是为市民表演娱乐的。

由于宋代蹴鞠开展得比较普及，当时出现了《事林广记•戊集》《万宝全书•戏球场科范》《蹴鞠图谱》和《蹴鞠谱》等介绍蹴鞠技艺的书籍。

4．元、明、清时期

元代蹴鞠活动的发展表现在白打踢法的动作难度有所提高，并出现男女对踢，这是对封建礼教的冲击。元代出土文物"蹴鞠纹铜镜"背面就铸有元代男女对踢足球的装饰。除此以外，元代的散曲中也有反映男女对踢足球的套曲。

明代的蹴鞠活动曾遭到明太祖朱元璋和明熹宗的禁止，但封建朝廷的禁令并不能完全禁止社会上蹴鞠活动的开展，在下层社会中仍有较广泛的蹴鞠活动。另外，在有皇帝和贵族喜爱蹴鞠活动的朝代中，蹴鞠也是宫女和士大夫们消遣娱乐的手段。

由于清朝统治者对汉族的传统文化加以限制，使蹴鞠活动的发展受到影响。到了清中叶，蹴鞠活动基本绝迹，只是在个别地区存在并流传。

第二节　现代足球运动的发展

一、国际现代足球运动的发展简况

（一）现代足球运动的诞生、传播与发展

1848年，在英格兰剑桥，来自5所中学的学生就一套足球比赛规则达成了一致，并制定了第一套共10条的足球竞赛规则。第一条是关于射门的："进球是指使足球进入球门，穿过横木底部，手使然除外。"第二条规定"停球和将球置于脚前场地上时方可使用手"，就是说不能拿着球跑，但可以用手处理球。第三条规定"出脚只能对准球"是说不能故意踢人。第四条有些含糊不清，规定"球在空中时，球

员不能用脚踢"，可能是指严禁危险的抬脚过高动作。第五条规定"不允许将对方绊倒或者背后蹬踏"。第六条规定球出界后必须用脚踢回来，不能用手抛进来。第七条是关于球门球发球的问题。第八条规定开球时球员应离球六步远。第九条规定不能给前方球员传球，否则为越位。第十条是反对球场暴力，规定"一旦球赛出现死球，对抗必须立即停止"。这就是著名的"剑桥规则"。参与讨论的有原伊顿公学的学生查尔斯·思林，他在1862年出版了第一本有关足球规则体系的著作，名为《最简单的游戏》。

1857年，英国成立了第一个足球俱乐部——谢菲尔德足球俱乐部。此后，英国各地区相继成立了足球俱乐部。由于比赛不断增多，迫切需要成立一个全国性的足球组织，统一全国的比赛规则，组织全国的足球比赛。1863年10月26日，英国12个足球俱乐部的代表在伦敦召开会议，成立了世界上第一个足球运动组织——英格兰足球协会。为此，国际上把这一天视为现代足球运动的诞生日。同年12月8日，该协会修改了剑桥规则，制定了统一的比赛规则（共14条），规定在足球比赛中只能用脚踢球，不得用手触球，废止了绊人、踢人、拉人及推搡对方的做法，并把"football"称为"association football"，学校称其为"soccer"。英格兰足协于1872年开始举办优胜杯赛，从而使现代足球运动流行全国。

现代足球运动在英国兴起后，通过海员、士兵、商人、工程师、牧师等传播到欧洲大陆和世界各地。到19世纪末，新西兰、阿根廷、智利、比利时和意大利等国相继成立了足球协会。1904年5月21日，法国、比利时、西班牙、荷兰、丹麦、瑞典和瑞士的足协代表在巴黎成立了国际足球协会联合会（简称国际足联，法文缩写为FIFA），以协调各国足球运动的开展，组织世界各国的足球竞赛活动。

1870年，越位规则产生。该规则规定：进攻队员处于球的前方即为越位。因此，当时的足球比赛经常出现"奔跑带球射门"的场面。1875年，越位规则进行了修改，规定在进攻队员与对方端线之间防守队员不足3人时为越位。1925年6月13日，国际足联对1875年以来实行的越位规则进行了修改，将不足3人改为不足2人。足球竞赛规则的改变，推动了足球技战术的发展。1930年，英国人赫伯特·查普曼根据当时新的越位规则创造了"WM"阵型，此阵型在国际足坛盛行了20年之久。20世纪50年代初，匈牙利人针对"WM"阵型的三后卫防守，创造了四前锋式打法，取代了"WM"阵型；1958年，巴西人针对四前锋阵型重攻轻守的弱点，创造了"四二四"阵型，促进了足球技战术进一步发展；1974年，荷兰人创造了全攻全守的整体型打法，使足球运动进入了全面型时代。

1885年，英国首创了职业足球俱乐部，随后欧洲各国先后成立了职业足球俱乐部。20世纪初，英国足协制定了一套较为完整的职业运动员注册和转会规章制度。继英国之后，欧洲和南美洲的国家在20世纪中叶大部分都实行了足球职业化，有关职业化的章程也逐渐完善。20世纪70年代末至80年代初，在全球"足球热"浪潮的冲击下，掀起了世界足球职业化的热潮。20世纪90年代初，亚洲各国也纷纷实行足球职业化。

目前，世界上职业联赛开展最好的是欧洲，而在欧洲开展最好、水平最高的联赛是英格兰足球超级联赛、西班牙足球甲级联赛、德国足球甲级联赛、意大利足球甲级联赛、法国足球甲级联赛，号称欧洲五大联赛。

（二）现代足球运动的三种流派

在足球运动的发展过程中，由于历史、文化等多种因素的共同作用，足球运动产生了不同的流派。流派的划分是一种总体和宏观上的分类，在同一流派中也会有一些不同。目前，国际足坛公认的有三种不同风格的流派，即欧洲派、南美派、欧洲拉丁派。

1. 欧洲派

特点：讲究全队整体配合，长传准确，推进速度快，打法硬朗、简练、实用，防守逼抢凶狠，盯人紧；队员身体素质好，身材高大壮实，力量强。该流派的代表是德国、英格兰等国家和地区。

2. 南美派

特点：队员的个人技术娴熟细腻，队员的过人技巧、突破能力以及传、接、控球技术都非常出色；队员的随机应变能力强，短传渗透威胁大，即兴发挥令人防不胜防；队员的灵活性、柔韧性、协调性较好。该流派的代表是巴西、阿根廷等国家。

3．欧洲拉丁派

特点：队员灵巧、速度快，个人技术熟练、细腻，具有良好的身体素质；全队讲究整体配合，长短结合，防守坚实，善打快速反击。该流派的代表是西班牙、法国、意大利等国家。

随着足球运动日趋职业化和商业化，以及足球运动员在世界范围内的转会流动，使各流派之间互相学习，互相融合，差异正在逐渐缩小。

（三）国际足联组织机构与重要比赛

19世纪后期，足球运动在欧洲和拉丁美洲得到迅速发展，迫切需要建立一个国际性足球组织，以协调和组织各国间的足球竞赛活动。1904年成立的国际足球协会联合会（简称国际足联）是国际奥林匹克委员会的一个单项体育组织。当时，英国由于采取怀疑态度，拒绝参加国际足联的筹备工作和成立大会。直到1905年，英格兰足协才宣布承认并要求加入国际足联。随后，苏格兰、威尔士和北爱尔兰也相继加入。

国际足联的宗旨是促进国际足球运动的发展，发展各国足球协会间的友好关系。国际足联目前有会员协会209个，是会员协会最多的国际单项体育组织之一。

1．国际足联的组织机构

国际足球联合会，由比利时、法国、丹麦、瑞典、荷兰、瑞士和西班牙（皇家马德里足球俱乐部代表西班牙，西班牙皇家足球协会到1913年才成立）倡议，于1904年5月21日在法国巴黎成立，现有会员209个，是国际单项体育联合会总会成员。

国际足联下设欧洲、亚洲、非洲、中北美和加勒比地区、南美洲、大洋洲六个地区性组织（图1-2），其总部于1932年由法国巴黎移至瑞士苏黎世。工作用语为英、法、西班牙和德语，如有语言冲突时，以英语为准。

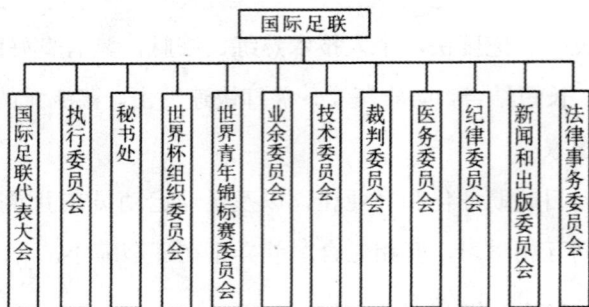

图 1-2　国际足联组织结构示意

足球是全球第一大运动，世界杯是全人类共同的节日。借助这种全球影响力，国际足联也成为最富有、最有权势的国际体育组织。国际足联设主席1人（任期4年，可以连选连任），副主席8人，其中欧洲2人，亚洲、非洲、南美洲、中北美洲和加勒比地区、俄罗斯各1人，英国（4个足协）1人。

2．由国际足联组织的重要比赛

国际足联组织的世界性比赛包括世界杯足球赛、奥运会足球赛、世界青年足球锦标赛、世界少年足球锦标赛、世界女子足球锦标赛、世界室内五人制足球锦标赛、世界俱乐部足球锦标赛、联合会杯足球锦标赛等。这些比赛推动了足球运动在世界各国的普及、发展与提高。

（1）世界杯足球赛。

世界杯（World Cup，FIFA World Cup）即国际足联世界杯，是世界上最高规格、最高水平的足球比赛，与奥运会并称为全球体育两大顶级赛事。该项赛事每四年举办一次，任何国际足联会员国（地区）都可以派出代表队报名参加。1904年5月21日，国际足联的第一任主席法国人罗贝尔·盖兰首次向各国足坛领导人提出了这种想法，并责成其秘书长荷兰人希尔施曼为此起草一份文件。1927年6月5日，在赫尔辛基召开的国际足联会议上，决定举办世界杯。1930年，第一届世界杯在乌拉圭举行。截至2019年底，巴西男子足球队是夺得世界杯冠军荣誉最多的球队，共获得5次世界杯冠军，并在第三次夺得世界杯后永久保留了世界杯——雷米特金杯，现在的世界杯名叫大力神杯。

世界杯赛程分为预选赛阶段和决赛阶段两个阶段。世界杯预选赛阶段分为六大赛区进行，分别是欧洲、南美洲、亚洲、非洲、北美洲和大洋洲赛区，每个赛区需要按照本赛区的实际情况制订预选赛规则，而各个已报名参加世界杯的国际足联会员国（地区）代表队，则需要在所在赛区进行预选赛，争夺进入世界杯决赛阶段的名额。

世界杯决赛阶段的名额是32个，决赛阶段主办国可以直接获得决赛阶段名额，除主办国外，其他名额由国际足联根据各个预选赛赛区的足球水平进行分配，不同的预选赛赛区会有不同数量的决赛阶段名额。另外2002年国际足联规定，从2006年世界杯预选赛起，上届冠军需要参加其所属区域内的世界杯预选赛，从而只有东道主可以直接入围决赛圈32强的比赛。

世界杯决赛阶段的主办国必须是国际足联会员国（地区），而且会员国（地区）需要向国际足联提出申请（可以两个会员联合申请承办），然后通过全体国际足联会员国（地区）投票选出。

32支球队将会到主办国进行决赛阶段的比赛争夺冠军。决赛阶段32支球队通过抽签被分成8个小组，每个小组4支球队，进行分组积分赛，各个小组的前两名共16支球队将获得出线资格，进入复赛；进入复赛后，16支球队按照既定的规则确定赛程，不再抽签，然后进行单场淘汰赛，直至决出冠军。

（2）奥运会足球赛。

从1896年第一届现代奥运会到1908年第4届奥运会，足球却是表演项目。自1912年第5届奥运会起，足球成为正式比赛项目。1924年第8届奥运会时，南美洲第一次派队参加且一个国家只能派一支球队参加。从1960年第17届奥运会起，参赛队才明显增多。

由于当时奥运会不允许职业运动员参加，所以直接影响了奥运会足球比赛的水平。多年来，国际奥委会与国际足联进行过多次研究，作过多次规定。1960年第17届奥运会时，国际奥委会规定，凡是参加过世界杯比赛的队员不得参加奥运会足球比赛。在1972年第20届奥运会上，国际奥委会决定停止执行关于参加过世界杯比赛的队员不得参加奥运会足球比赛的规定。1978年召开的国际足联代表大会明确规定，欧洲和南美洲的参加过世界杯足球比赛（包括预选赛和决赛）的足球运动员不得参加奥运会。1983年举行的国际奥委会和国际足联会议再次重申，所有职业队员中或不是职业队员但参加了世界杯足球比赛的队员不得参加1984年第23届奥运会足球比赛。1984年4月国际足联宣布，除不准上述欧洲和南美洲参加过世界杯足球比赛的队员参加奥运会的限制外，今后不再区分职业和业余球员，但奥运会足球比赛对参赛队员的年龄加以限制，使它成为世界足球4个级别比赛中的一个。1993年召开的国际足联执委会决定，允许每个参加奥运会足球决赛的队有3名年龄超过23岁的职业队员。至此，奥运会的足球比赛水平才有所提高。目前，参加奥运会足球决赛阶段比赛的队有16支。在1996年第26届奥运会上，女子足球成为正式比赛项目。

（3）欧洲与南美洲的重要比赛。

目前，欧洲与南美洲的足球水平最高，两大洲的重要足球比赛同样精彩纷呈，引人入胜。欧洲和南美洲的重要比赛有：

① 欧洲足球锦标赛。

简称欧洲杯或欧锦赛，是一项由欧洲足联举办的、欧洲足协成员国参加的最高级别的国家级足球赛事。于1960年举办第一届，此后每4年举办一届，至今已连续举办了14届。欧锦赛分为预选赛和决赛两个阶段进行，除当届主办国可以直接进入决赛阶段比赛外，其他队必须通过参加预选赛获得出线权才能进入决赛阶段。欧锦赛创办之初，决赛阶段只有4支球队；1980年增至8支球队；1996年增加到16支球队；2008年9月26日欧洲足联宣布，从2016年起，决赛阶段参赛队伍扩大到24支。

② 欧洲冠军联赛。

欧洲冠军联赛简称欧冠，是欧洲足联主办的年度足球比赛，代表了欧洲俱乐部足球最高水平。其前身是在1955—1956赛季创建的欧洲俱乐部冠军杯。1992—1993赛季，欧洲足联对这项杯赛的赛制和名称进行了修改，正式更名为欧洲冠军联赛。

③ 南美洲解放者杯。

南美解放者杯是1960年开始由南美洲足联主办的10个会员国最强俱乐部之间的比赛。南美解放者杯与欧洲的欧洲冠军杯规模差不多，当初只有各国联赛冠军才有资格参加。直到1970年，南美解放者杯的规模开始扩大，联赛亚军亦可以参与。直至现时，南美解放者杯共有38支球队参与角逐，除了巴西及阿根廷有5个参赛名额外，其余国家各有3席，每个国家的参赛资格则由各国自行决定。

④ 美洲杯。

美洲杯足球赛诞生于1916年，是美洲历史最悠久的足球赛事，由南美洲10支实力最强的国家队参加。比赛由南美洲足联主办，开始时每年举办一次，后不定期举办。1959年以后，改为每4年举办一次。

二、中国近代和现代足球运动的发展简况

（一）我国近代足球运动开展情况

19世纪60年代前后，足球活动在香港逐渐活跃起来。19世纪80年代，香港学校中的华人学生开始踢足球。随后，一些沿海大城市中的教会学校相继开展了现代足球运动。从1902年起，香港、上海、广州、北京等地的一些学校之间先后举行了足球比赛。1908年，香港成立了第一个足球运动组织——南华足球会。随着学生走向社会，足球运动也由学校扩展到社会，由沿海城市传播到内地。1923年后，足球运动的开展逐渐广泛起来。

1913年至1934年，中国足球队参加了10次远东运动会的足球比赛，9次获得冠军。1910年至1949年，中国共举行了7次全国运动会，每次都有足球比赛。

在中国共产党领导的革命根据地和解放区，足球运动也得到了一定的发展，曾举行过多次比赛。1940年，陕北革命根据地成立了第一个体育组织——延安体育会。1942年，延安举办了"九一"运动会，足球被列为表演项目。

1931年，中国加入国际足联，并于1936年和1948年两次派队参加奥运会的足球比赛，但均在初赛时被淘汰。

（二）新中国成立后足球运动的发展情况

1．创立基业（1949—1959）

新中国成立后，足球运动很快发展起来。1951年，在天津举行了第1届全国足球比赛，参加比赛的有6大行政区和解放军、铁路共8支代表队。比赛后选拔了30多名运动员组成了国家足球集训队，他们是新中国开展足球运动的骨干力量。在新中国成立初期，我国的足球运动水平与国外相比还存在着较大差距。

1953年起，全国各体育院、系先后开设各类足球课程。1954年前后，部分大行政区和行业系统、各省市相继建立了足球队，并进行专门训练。1954年2月，我国邀请了当时世界足球强国匈牙利国家队来华进行比赛和讲学，使我国足球界开阔了眼界，了解了当时世界上最新的技战术。同年4月和10月，我国先后派出了两批共25名青年足球运动员赴匈牙利学习。经过一年多的艰苦训练进步显著。这批队员于1955年10月回国，其中大部分队员成为国家队主力，对提高我国足球运动水平起到了积极作用。1955年和1956年，我国还聘请了苏联和匈牙利的足球专家来华，以培养足球研究生、科研人员、专业师资和教练员。

为了适应国际交往和推动全国足球运动的开展，1955年1月3日，中国足球协会成立，并于1956年建立了全国足球竞赛制度和运动员、裁判员等级制度，开始实行甲、乙级足球联赛。1957年，又实行甲、乙级升降制。1959年，足球被列为全运会比赛项目。

1957年，中国足球队第一次参加世界杯预选赛遭到淘汰。

1958年至1960年期间，我国在一系列国际邀请赛和友谊赛中取得较好成绩，足球水平有了较大的提高。

2．曲折起伏（1960—1965）

在三年自然灾害期间，我国多数球队中断了训练和比赛，足球水平大幅下降。中国足球队在第1届亚洲新兴力量运动会的足球比赛中未能进入前4名。

1964年，随着国民经济的好转，足球运动又恢复和发展起来。1964年2月，由国家体委、全国总工会、共青团中央、教育部联合召开了全国足球训练工作会议。

会议系统地总结了新中国成立14年来足球运动的开展情况、存在问题和今后发展方向。会后，国家体委发出了《关于大力开展足球运动，迅速提高技术水平的决定》。该决定针对我国足球水平不高和竞技水平下降的现状，提出了4项措施：一是广泛开展群众性足球运动，加强青少年的训练工作；二是加强专业足球队的思想政治工作和训练工作；三是改进全国足球竞赛制度；四是加强对足球运动的领导。该决定还提出了"三从一大"的训练原则，确立了"勇、快、巧、准"的足球技术风格，确定了北京、上海、天津、广州、沈阳、旅大、南京、武汉、延边、梅县等10个足球重点城市和地区。此后，群众性业余足球运动逐渐活跃起来。同年6月，共青团中央、教育部、国家体委联合发出了《关于在男少年中开展小足球活动的通知》，中小学足球运动也逐步活跃起来。此后，各专业足球队恢复了训练，甲、乙级足球联赛和青少年竞赛制度也得到了全面恢复，并邀请了巴西职业足球俱乐部马杜雷拉队来华访问比赛。

1965年6月至10月，我国足球队在一系列国际比赛中取得较好的成绩。同年9月，我国举行了第2届全运会，各队的足球水平均有所提高。在此基础上，国家足球队重新组建，并于次年获得亚洲新兴力量运动会足球比赛的亚军。

3．遭受严重破坏（1966—1976）

"文化大革命"使处于全面回升的我国足球运动受到严重破坏。从1966年下半年起到1970年，全国足球竞赛、国际交往，连同足球教学、训练、科研等全部停止。

1971年至1976年，各级足球竞赛活动有所恢复。1974年9月14日，中国足球协会重新恢复了在亚足联的合法席位。同年，中国足球队参加了第7届亚运会足球比赛，但未获小组出线权。1976年，中国队首次参加亚洲杯足球赛，获得第3名。

4．探索改革（1977—1991）

20世纪70年代至80年代中期，我国足球运动处于逐步恢复时期。1978年，我国恢复了全国甲、乙级队双循环升降级制的比赛，并逐步建立了各级比赛系统。

1977年至20世纪80年代前期，我国举办了几次国际足球邀请赛。

1979年6月，国务院批准了国家体委《关于提高我国足球技术水平若干措施的请示》，报告提出了9条措施：在群众中，特别是青少年中大力普及足球运动；抓好足球运动的重点地区；迅速组建国家青年足球队；派出去，请进来，加强国际交流；大力加强科研工作；继续举办国际足球邀请赛；兴建足球训练中心；加强宣传；请廖承志担任中国足协名誉主席。文件下达后，北京、上海、天津、沈阳、旅大、广州、武汉、长春、青岛、石家庄、重庆、南京、西安、昆明、延边和梅县16个足球重点城市和地区的足球运动蓬勃开展起来。

1980年1月，国家体委、团中央、教育部共同发出了《关于在全国中小学生中积极开展足球运动的联合通知》，提出了把开展足球活动纳入学校体育计划和共青团、少先队体育活动的内容；重点开展足球活动的学校要建立班级、年级或者校级运动队；要提高担任足球专项训练的体育教师业务水平等要求。这为在中小学中普及足球运动起到了推动作用。

此外，国家体委还重点抓了青少年足球竞赛的规模和质量。从20世纪80年代开始，我国建立了全国青少年足球比赛的固定赛制，每年举行全国青少年足球联赛，全国足球重点地区少年冠军赛按三个年龄组进行，12岁以下参加"萌芽杯"，14岁以下参加"幼苗杯"，16岁以下参加"希望杯"。在此基础上，还设立了全国业余体校少年足球赛和全国业余体校足球邀请赛。

20世纪80年代中后期，在我国改革开放大潮的推动下，足球改革逐渐被提上议事日程。足球界在领导体制向实体化过渡、足球的社会化与科学化以及训练与竞赛等方面进行了改革、探索和实践，并取得了一些成效。

1979年，国际足联恢复了我国的合法席位，为我国足球队参加国际比赛创造了有利条件。在这一时期，我国加强了国际交往，部分省市先后聘请了外籍教练执教，国家队和省市队也经常出访进行比赛和短期集训。同年，我国国家队、青年队、少年队先后参加了世界杯预选赛、亚洲杯、亚运会、奥运会预选赛、世青赛、世少赛等重大国际比赛。

5．改革迈步（1992年至今）

1992年6月，在北京红山口召开了全国足球工作会议。会议期间，中央领导明确指出："足球必须搞上去，足球体制必须改革。"中国足协向大会提交了一系列改革方案，向足球界提出了改革体制、转变机制、整顿队伍三大任务，并指出要坚定不移地走职业化道路，尽快实行俱乐部体制，把我国足球融入世界足球发展的潮流之中。"红山口会议"充满了改革的主旋律，被誉为中国足球史上"新的里程碑"。

1993年，来自甲A的8个新成立的足球俱乐部在广东试行俱乐部杯赛。1994年，中国足球职业联赛正式开始，共有26个俱乐部队参加，联赛采用双循环、主客场每周一赛制。联赛分为甲A（12个队）和甲B（14个队），实行升降级制度，每年甲A最后两名降入甲B，甲B前两名升入甲A。1998年，中国足球职业联赛甲级A组由12支球队扩大为14支球队。

2004年，中国足球职业联赛改名为"中国足球协会超级联赛"和"中国足球协会甲级联赛"。首届中国足球超级联赛有12支球队参加，此后，参赛队伍逐步扩大到16支。

自中国足球实行职业化改革以来，各俱乐部引进了几十名外籍教练员和上百名外籍运动员，中国足协先后聘请了施拉普纳、霍顿、米卢蒂诺维奇、阿里·哈恩、福拉多、杜伊、卡马乔等人担任国家队的主教练。

中国足球职业化已经进行了20年，在这20年间，中国足协制定了几十个重要法规文件来规范职业联赛，但职业联赛的大环境却越来越差。这引起了媒体和广大足球工作者、球迷的关注，更引起了中央高层领导的重视。2010年，我国启动了中国足球的"反赌扫黑"，在司法介入下，数十人被判刑，对若干足球俱乐部和30多人做出了处罚。这些行动净化了足球职业联赛的大环境，使其逐步回到公平竞赛、诚信竞赛的道路上。

中国足球处于低迷状态，忽视青少年足球运动的普及和后备人才培养是重要原因。早在20世纪80年代，邓小平同志就高瞻远瞩地指出：中国足球运动要搞上去，要从娃娃和青少年抓起。2009年4月14日，国家体育总局和教育部联合颁布了

《关于开展全国青少年校园足球活动的通知》，成立了"全国青少年校园足球工作领导小组"，颁布了《全国青少年校园足球活动实施方案》。2014年11月26日召开的"全国青少年校园足球电视电话会议"，明确了校园足球活动将由教育部主导，国家发展和改革委员会、财政部、新闻出版广电总局、国家体育总局、共青团中央等相关部委提供支持。2015年7月，由教育部牵头并联合相关部门颁发了《加快发展青少年校园足球的实施意见》，明确了育人为本，重在普及，夯实基础，共筑梦想的指导思想。这项活动得到了国际足联的高度赞赏，为了表彰中国政府在开展足球运动方面的贡献，2009年12月21日，国际足联专门为此项活动颁发了"足球运动发展奖"。

2015年3月，国务院审议通过了《中国足球改革总体方案》。2016年4月，中国足协提出了《中国足球中长期发展规划（2016—2050年）》，规划从发展基础、总体思路、发展目标、主要任务、配套政策和保障措施等5个方面进行了详尽的阐述，描绘出了中国足球今后几十年发展的宏伟蓝图。

三、中国足球运动的组织管理机构和重要比赛

（一）中国足球运动的组织管理机构

中国足球协会是领导中国足球运动的组织管理机构，下设综合部、外事部、联赛部、女子部和技术部等职能部门。

（二）全国足球比赛

1. 男子

中国足球协会超级联赛（包括中超联赛和中超联赛杯赛）、中国足球协会甲级联赛、中国足球协会乙级联赛、中国足球协会杯赛、全运会足球比赛和全国青年足球联赛（U-21，U-19，U-17）等。

2. 女子

全国女子足球锦标赛、全国女子足球联赛、全国女子青年足球联赛、中国女子足球超级联赛和全运会女子足球赛等。

第三节　现代足球运动的发展趋势

一、现代足球运动的特点

（一）现代足球的特点

1. 球队的集体协作性

在现代足球比赛中，队员要做到思想统一、行动一致，不管是在进攻中还是在防守中，全体队员必须具有很强的整体协作意识，从而使团体竞技实力表现出整体功能的放大。

2. 个人能力的综合性

（1）个人能力是足球队整体实力的基础。

在现代足球比赛中，虽然球队是以一个整体形式表现实力，但球队的整体实力是建立在队员个人能力基础之上的，球员的个人能力是足球队整体实力的坚实基础。

（2）个人能力要与集体技战术有机结合。

队员个人能力必须与球队的集体技战术有机结合，通过队友之间的相互协同促使个人能力得到淋漓尽致的发挥，使球队表现出"1+1>2"的整体竞技能力。

（3）个性特征和全面的技战术特点的有机结合。

队员独特的个性使他们的技能具有鲜明特点，特征鲜明的个人竞技能力是球员在场上战胜对手的"推进器"。现代足球运动要求运动员必须具有全面的技战术特点，这样才能适应全攻全守的现代足球打法。全面与个性的有机结合是现代足球对运动员竞技能力结构的要求。

3. 对抗的复杂性

足球运动是一项竞争非常激烈的同场对抗性项目。比赛中，从单人之间的对抗到局部两三人之间的对抗再到整体对抗，从无球对抗到有球对抗，从地面对抗到空中对抗，从身体对抗到心理对抗，来自队友、对手、环境的压力都可能作用到一次简单的"对抗"中，这表明了足球运动对抗的激烈与复杂。

4．技战术体能的专项性

现代足球运动员的技战术能力和体能更加表现出专项化的特征。现代足球比赛具有快速、对抗激烈、体能消耗大、恢复期限短等竞技特点，因而足球运动员的技战术能力和体能极具专项性。

5．比赛情境的不可重复性

足球比赛的情境难以再现，更无法真实地还原比赛情境，因此在现代足球比赛中，对运动员的随机应变、快速反应、创新思维有着极高的要求。

（二）现代足球比赛的特点

1．快速准确

在现代足球比赛中，运动员从个人技术动作的完成、奔跑移动的速度、战术思维决策、局部两三人之间的配合到球队的整体攻守转换速度都体现出"快速"的特征。同时，在快速中，队员的个人技术动作、战术思维决策、队员之间局部战术配合思维及整体攻守战术思维的完成都必须准确无误。

2．对抗激烈

在现代足球比赛中，为了实现对球的控制，每支球队都在力争对对方队员、重点区域、比赛节奏在时间和空间上实施全方位的控制。因此，比赛中冲撞、紧逼、破坏、突破、争抢等多种形式的对抗越来越频繁，也越来越激烈。据统计，世界优秀足球队在一场比赛中，处于对抗条件下运用技术占总数的50%以上，这充分说明了现代足球比赛的对抗程度越来越激烈。

3．时空狭小

在现代足球比赛中，比赛双方围绕着球权在狭小空间中展开控制与反控制。加之现代战术意识的增强、体能训练水平的提高，奔跑速度越来越快，奔跑距离越来越长，留给队员完成技术动作和战术决策的时间越来越短，空间越来越小，难度越来越大。

4. 攻防频繁

现代足球比赛的明显特征是攻守之间的转换快速而频繁。在90分钟的比赛时间里，纯比赛时间大约为60分钟，而在这约60分钟的时间里，比赛双方要进行300多次的攻守转换，在短短的1分钟时间内双方攻守转换可达5次之多，这充分体现了现代足球比赛的攻守转换的高速度和高频率。

二、现代足球运动的发展趋势

（一）足球攻守矛盾的斗争促进了足球竞技水平的不断提高

在现代足球运动发展的百余年历史中，攻守矛盾的不断斗争始终是促进足球竞技水平提高的重要原因之一。进攻与防守这一对矛盾，既相互制约又相互促进。当进攻被防守遏制时，促使了进攻的发展与变化，同样在进攻发生变化的同时，也促使防守技战术要及时适应进攻的改变。

（二）全攻全守总体型打法是发展的必然趋势

自20世纪70年代全攻全守总体型打法诞生以来，世界足球运动沿着这个方向不断发展。注重攻守平衡，力争在局部区域造成以多攻少或者以多防少的优势局面，这是总体性打法所追求的目标。

（三）速度越来越快，攻守对抗越来越激烈

世界优秀足球队在一场比赛中，完成技术动作900余次，其中有1/2以上的技战术动作是通过对抗形式实现的，这充分表明现代足球比赛日趋朝着高速度、强对抗的方向发展。双方运动员在比赛中为了实现对球的控制，必须对对手、对球场内特定区域、对比赛在时间及空间上实行全方位的控制，从而使得在比赛中各种形式的对抗越来越多，球队对时间和空间的限制与弥补更为严密，比赛越来越激烈。

（四）各种技术流派相互学习、取长补短，不断完善和融合

在现代足球运动发展的百余年历史中，逐渐形成了欧洲派、南美派和欧洲拉

丁派三大技术流派。虽然流派的形成与民族气质、地理环境、身体特征、文化背景等因素有着紧密关系，但也不是一成不变、牢固稳定的。随着现代足球运动的不断发展，各流派间相互学习、取长补短，使各自流派的技术打法不断完善，与其他流派相互融合，流派之间的差别逐步缩小，但各流派的技术风格还具有一定的特征。

（五）球星的作用与整体融为一体

随着足球比赛对抗性、整体性的特点越来越突出，球星的即兴发挥越来越需要与球队整体行动融合在一起，并将其能力与球队的整体战术行动有机地融合在一起。

（六）运动员的竞技能力全面发展

现代足球朝着全面、快速、娴熟、简练、强对抗的方向发展，这对运动员竞技能力的全面性提出了更高的要求。运动员都身负攻守双重任务，因此必须具备进攻和防守的技能才能适应比赛的需要。所以，现代足球运动要求运动员在掌握全面技术的基础上，根据个人的特点和位置需要发展专长技术，同时在体能、智能、心理能力方面有更高的发展水平。

第二章　足球基本技术及校园足球开展

第一节　足球技术的概念及其分类

足球技术是运动员在足球比赛中所采用的合理动作方法的总称，它是在比赛实践中逐步形成、发展和完善起来的。

随着足球运动的不断发展，现代足球在追求胜负结果的同时，以攻守平衡为原则，以时空控制权的激烈争夺为特点，把激烈的攻防、有效的配合、扣人心弦的进球等内容作为重要组成部分。为此，运动员只有熟练地掌握足球技术，才能在比赛中有目的地采取行动，正确合理地处理球，以达到战术上的要求。

技术是完成战术配合的基础，战术的发展又促进了技术的不断提高。现代足球运动全攻全守的打法，对进攻和防守技术都提出了较高的要求。因此，足球技术不论是在内容上，还是在难度上以及教学与训练的方法要求上，都向着全面、快速、准确、实用的方向发展。

足球运动是一项技术动作复杂的运动项目，根据球员在场上的位置，足球技术可分为锋卫队员技术和守门员技术两大部分。但是，不论是锋卫队员还是守门员，在比赛中不仅需要完成结合球的技术动作，还要完成许多无球的技术动作。所以，足球技术应分为有球技术和无球技术两大类（图2-1）。

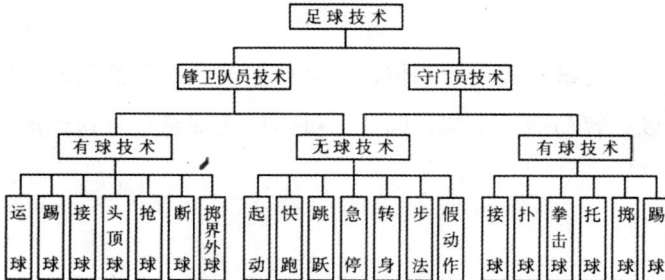

图 2-1　足球技术的分类（一）

23

根据足球技术的实用性和基础性，还可以分为足球基本技术、足球实战技术和足球无球技术。实战技术是根据比赛的实际需要提炼而成的（图2-2）。

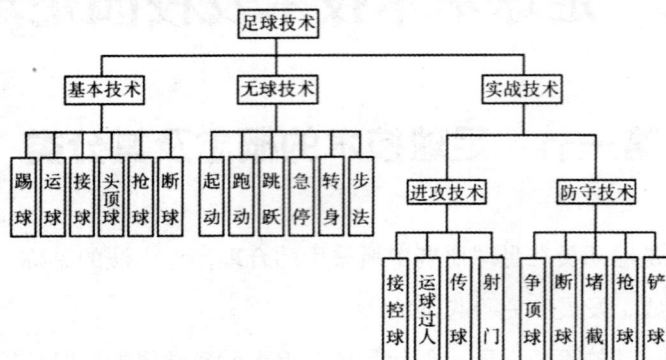

图 2-2　足球技术的分类（二）

另外，足球比赛中运动员不仅要完成单个技术动作，更多的是完成若干技术动作的组合，是从获得球到处理球的完整动作过程。因此，根据动作的结构又可分为一元技术、二元组合技术、三元组合技术和四元组合技术。

第二节　基本足球技术

一、踢球

踢球的方法很多，根据脚的接触部位不同，可分为脚内侧踢球、脚背正面踢球、脚背内侧踢球、脚背外侧踢球、脚尖踢球和脚跟踢球等。

（一）脚内侧踢球

1．特点

脚内侧是踢球时最常使用的部位，它触球的面积比脚的其他部位都大，这使得在踢球时可以更容易地控制球。因此，脚内侧踢球是进行短距离传球和射门的理想方法。

2．动作要领

（1）踢定位球：直线助跑，支撑脚踏在球侧，膝关节微屈，脚趾指向出球方向。踢球腿以髋关节为轴由后向前摆动，膝踝关节外展，脚尖稍翘，以脚内侧对准来球，当膝关节摆至接近球体上方时，小腿加速前摆。击球刹那，脚跟前顶，脚型固定，用脚内侧击球的后中部。

（2）踢地滚球：踢地滚球时，要考虑来球的速度、方向以及摆腿的时间，以调整支撑脚的选位，保证踢球腿能顺利地摆踢发力。

（3）踢弧线球：小腿略呈弧线摆击，用内侧蹭踢球的侧面，使球侧旋运行。

（4）踢空中球：大腿要抬起，小腿应拖后，利用小腿加速前摆击球，抬腿的高度和摆腿的时间应与来球速度相对应，并根据出球的目标调整击球部位。

（5）踢反弹球：根据来球落点，及时移动到位，支撑脚的站位应与落点保持在踢定位球时支撑脚与球的相对位置。踢球腿摆动与踢定位球时相同。在球着地后刚弹离地面的瞬间用脚内侧击球的中部。

3．易犯错误

（1）踢球腿膝踝关节外展角度不够，脚趾没勾翘，击球脚型不正确，影响击球效果。

（2）踢球腿直腿摆击球，出球乏力。

（3）支撑脚位置靠后，击球刹那脚型不固定，出球不顺畅。

4．纠正方法

（1）可进行分解练习或无球模仿练习，也可结合固定球进行练习。

（2）在练习中强调支撑腿最后一步跨出的距离，使腿后摆充分伸展，膝关节放松。

（3）踢定位球时，确定支撑脚的支撑点，运用敲击的方式固定脚型。

（二）脚背正面踢球

1．特点

脚背正面踢球的摆幅相对较大，摆踢动作顺畅快速，便于发力，但出球路线或性能缺乏变化，适用于远距离的发球和大力射门。

2．动作要领

（1）踢定位球：直线助跑。支撑脚踏在球侧，脚趾指向出球方向，膝关节微屈。在支撑脚前跨的同时，踢球腿大腿顺势后摆，小腿后屈。前摆时，大腿以髋关节为轴带动小腿前摆，当膝关节摆至接近球体上方时，小腿加速前摆，脚背绷直，脚趾扣紧，以脚背正面击球的后中部。击球后，踢球腿顺势前摆落地。

（2）踢反弹球：准确判断来球落点、反弹时间和角度，选好支撑脚的位置，在球落地刹那，踢球腿小腿加速前摆抢点击球，在球反弹离地时击球的后中部。

（3）踢地滚球：支撑脚判断选位，踢两侧滚动来球时，脚趾对准出球方向，击球部位应准确，以保证击球能发上力。对速度较快的来球，要通过摆踢力量和方向的调整，消除其初速度对出球方向的影响。

（4）踢空中球：支撑脚的选位要稍远，以使踢球腿能顺利摆踢发力为原则，并可根据来球高度和出球目的选用抽击、弹击或摆击等踢球方法。

3．易犯错误

（1）支撑脚选位不当，影响摆踢发力和击球效果。

（2）击球刹那脚型不稳，脚尖上挑，影响出球力量和方向。

（3）踢球腿摆踢路线不直，身体后仰，膝关节没有顺势上提，出球方向不正，将球踢高。

4．纠正方法

（1）进行徒手模仿练习，在强调支撑脚位置的同时，采用分解动作和固定球的方式，体会动作。

（2）在练习中固定脚型，稳定脚的击球部位，增大支撑腿最后一步跨出的距离，使后摆腿充分伸展，膝关节放松。

（3）强调用中等以下力量击球，控制击球点，运用敲击的方式固定脚型，使踢出的球低、平、直。

（三）脚背内侧踢球

1．特点

摆踢动作顺畅、幅度大，脚触球面积大，出球平稳有力，且性能和路线富于变化，适用于中远距离传球和射门。

2．动作要领

（1）踢定位球：斜线助跑，助跑方向与出球方向约成45°，支撑脚踏在球侧后，脚趾指向出球方向，膝关节微屈，眼睛看球，重心稍倾向支撑脚一侧。在支撑脚踏地的同时，踢球腿以髋关节为轴，大腿带动小腿由外后向前内略呈弧线摆动，膝踝关节稍外旋。当膝关节摆至接近球体的内侧上方时，小腿加速前摆。击球时，膝关节向前顶送，脚背绷直，脚趾扣紧斜下指，以脚背内侧击球的后中下部。击球后，踢球腿顺势前摆落地。

（2）踢地滚球：要注意调整身体与出球方向的角度关系，以便踢球腿的摆踢发力。

（3）搓踢过顶球：踢球脚背略平，插入球的底部做切踢动作，击球后脚不随球前摆。

（4）转身踢球：助跑最后一步略带跨跳动作，支撑脚的脚趾和膝关节尽可能转向出球方向，击球点应在球的侧前部，并利用腰的扭转协助完成摆踢动作。

（5）踢内弧线球：击球点在球的后外侧，击球刹那，踝关节内旋发力，脚趾勾翘，使球内旋并呈弧线运行。

3．易犯错误

（1）支撑脚选位不当，脚趾没对准出球方向，影响摆踢动作的完成。

（2）击球刹那膝关节不向前顶送，而是顺势内拐，出球呈侧内旋。

（3）踢球腿后摆动作紧张，影响前摆速度，击球发力不足。

（4）支撑脚偏后，击球时上体后仰，出球偏高。

4．纠正方法

（1）进行助跑后的模仿踢球练习，体会支撑脚的位置，注意身体的协调配合。

（2）在练习中，增大支撑腿最后一步跨出的距离，使后摆腿充分伸展，膝关节前顶，放松做随前动作。

（3）踢内弧线球时，强调触球的正确部位，踢球脚翘起，向出球方向顺势前摆。

（四）脚背外侧踢球

1. 特点

预摆动作小、出脚快，能利用膝、踝关节的灵活变化改变出球方向和性质，具有一定的隐蔽性，是一种实用性较强的技术，同时也是一种较难掌握的踢球技术。

2. 动作要领

（1）踢定位球：该动作方法类似于脚背正面踢球，只是摆踢时，脚面绷直，脚趾向内扣紧并斜下指，用脚背外侧击球的后中部。击球后，踢球腿顺势前摆着地。

（2）踢地滚球：对踢球腿同侧的来球多用直线助跑，对异侧来球则多用斜线助跑，支撑脚要适当提前选位着地，其他动作则类似于踢定位球。

（3）踢外弧线球：支撑脚踏在球侧后方，踢球腿略呈弧形摆踢，作用力方向与出球方向约成45°，击球点在球内侧后部，脚型同踢定位球。击球后，踢球脚向支撑脚侧斜摆，以加大球的外旋力量。

3. 易犯错误

（1）支撑脚选位不当，影响摆踢发力。

（2）摆腿时髋关节内转或直腿击球，击球发力不足。

（3）膝、踝关节旋内不够，影响击球的准确性和前摆速度，击球发力不足。

（4）击球刹那脚型不稳，脚尖上撩，出球不稳。

4. 纠正方法

（1）进行模仿踢球练习，确定支撑脚的位置，或结合固定球的练习，注意体会触球点和脚的触球部位。

（2）在练习中，身体伸展，重心前移，使后摆腿充分伸展，强调击球后膝关节和踝关节固定。

二、接球

从接球的部位来看，接球技术可分为脚部接球、胸部接球、腿部接球、腹部接球和头部接球5类。

（一）脚部接球

脚部接球的动作方法最多、运用最广，是接球技术的最基本内容。

1．脚内侧接球

（1）特点。

脚内侧接球用途广泛、接球平稳、可靠性强，运用时灵活多变。

（2）动作要领。

① 接地滚球：判断来球的速度和方向，及时调整身体正对来球，观察周围情况，选好支撑脚位置，膝关节微屈。接球脚根据来球的状态相应提起，膝、踝关节旋外，脚趾稍翘，用脚内侧对准来球。触球刹那，接球部位做相应的引撤或变向接球，将球控在所需要的位置上。

② 接反弹球：选择最佳支撑脚的位置，同时身体要跟上，接球腿小腿与地面形成一定的夹角，向下做压推动作时，膝关节要领先，小腿留在后面。

③ 接空中球：选择最佳支撑脚的位置，根据来球确定接球动作的方向，接球腿要屈膝抬起，可根据需要采取引撤或切挡动作，接球落地后，应随即将球在地面控制住或控制在下一个动作的准备中。

易犯错误：

① 判断起动慢，不能选择最佳的迎球位置，影响下面动作完成的连续性。

② 接球腿、膝和踝关节外展不够，影响触球角度，导致控球不稳。

③ 迎撤接球时机控制不好，缓冲效果差。

④ 压推或拨转接球时，重心跟进慢，接、控动作脱节。

⑤ 接球腿动作僵硬，直腿接球，难以接控。

纠正方法：

① 可进行分解动作和无球模仿练习，提高动作的协调性。

② 在练习中强调反应快、起动快，抢站最佳接球的位置，进一步理解和体会主动接球的实际意义。

③ 接地滚球时，确定支撑脚的支撑点，要求由慢到快地迎撤接球，从而达到最佳的缓冲效果。

④ 用手接反弹球，体会接球的最佳时机（在球离开地面的瞬间）。

⑤ 接空中球时，在确定正确的技术动作时，强调接球腿一侧的髋关节要放松，注意培养整个身体的协调配合。

2．脚背正面接球

（1）特点。

脚背正面接球的部位应是系鞋带的部位。其特点是迎撤动作自如、关节自由度大、接球稳定，但变化较少，适用于接下落球。

动作要领：身体正对来球，判断来球路线和速度，支撑脚稳固支撑，接球腿屈膝提起，以脚背正面对球迎出，触球刹那，接球脚引撤下放，膝、踝关节相应放松，以增强缓冲效果。

欲将球接于体前或体侧时，接球脚跟稍提，触球刹那踝关节适度紧张，通过触球面角度的调整，控制出球方向；欲将球接至身后时，接球脚脚尖要勾翘，踝关节适度紧张，接球刹那引撤速度要快，身体随之转动，控制出球方向。

（2）易犯错误。

① 接球腿膝、踝关节紧张，动作僵硬，缓冲效果差。

② 引撤时机和速度掌握不好，控球不稳。

③ 对球的判断不准，接球部位没对准来球。

（3）纠正方法。

① 进行无球模仿练习，或队员自抛自接或队员间进行手抛球的接球练习，体会技术动作。

② 进行无球的身体协调性练习，使膝、踝关节在练习中充分放松。

3．脚掌接球

（1）特点。

脚掌接球的部位是以前脚掌为主。其特点是动作简单，控球稳定可靠，适用于接迎面地滚球或反弹球。

（2）动作要领。

判断来球路线或落点，选好接球位置并稳固支撑，接球腿屈膝提起，脚尖勾翘，使脚掌和地面形成一定的仰角，球临近或落地刹那，接球腿有控制地下放，用脚前掌部位触压球的后中部，将球控制在脚下。

采用脚掌接球方法时，为便于完成下一个动作，通常在脚掌触压球后连带一个拉引或推送动作，使球处在需要的位置上。欲将球接向身后，多用拉引动作；欲将球控在体前或体侧，则可用推送的方法。做这些动作时重心要随之移动。

（3）易犯错误。

① 对球的落点判断不准或支撑脚站位不当，影响接球动作的完成。

② 身体的配合不协调，抬脚高度和角度控制不好，接球时容易产生失误。

③ 接反弹球时踏压时机掌握不好，身体后仰，易出现触压不到球或漏掉球的情况。

（4）纠正方法。

① 进行前脚掌的踩、踏、拉地面球的练习，体会脚掌的触球部位。

② 使踝关节在练习中充分伸展放松，根据不同方向的来球，确定和适应脚掌同地面的角度和身体的协调配合，从而做到运用自如。

4．脚背外侧接球

（1）特点。

脚背外侧接球特点是动作幅度小、速度快、灵活机动、隐蔽性强，但动作难度较大，接球时常伴随假动作和转体动作，适用于接地滚球和反弹球。

（2）动作要领。

脚背外侧接球后的动作衔接速度相对较慢。因此，支撑脚与接球腿的蹬摆动作要协调连贯，保证接球后身体重心随球快速跟进，缩短动作衔接时间，加快后续动作速度。

① 接地滚球：在判断来球状况的同时，观察周围情况，选好支撑脚的位置，

运用合理的假动作或转体动作进行接球，接球腿屈膝提起，踝关节内翻，以脚背外侧对准来球。当球临近时，接球脚以脚背外侧推拨球的相应部位，将球控在所需要位置上。

②接反弹球：接反弹球时，要判断好球的落点，抢占有利的接球位置，或运用假动作和转体动作欺骗对手，接球腿小腿应与地面形成一定的夹角，以膝关节领先做扣压动作，防止球的反弹。

（3）易犯错误。

①支撑脚选位不当，影响整个接球动作的完成。

②掌握不好球的落点，身体的配合不协调，延误推压动作的时机，接不住球或接球不稳。

③由于膝、踝关节摆动僵硬、不灵活，假动作或转体动作与接球动作不连贯，易出现接球力量失控。

④接反弹球时，身体重心没有跟上，小腿与地面的夹角不当，易出现接球时"卡壳"或控球不到位。

（4）纠正方法。

①队员从不同的方向对固定的球进行模仿练习。找到支撑脚的合理位置，从而能够调整好人与球之间的位置关系。

②个体针对性训练，使身体与下肢协调配合，从而达到膝、踝关节伸摆灵活。

③练习接反弹球时，队员可自抛自接，使小腿与地面的夹角最为合理，从而达到接球后控球到位。

④练习时应加上假动作和转身及接球后的控球技术，这可以使整个接球技术更加完善。

（二）胸部接球

1. 特点

胸部接球技术的特点是触球点高、面积大，适用于接胸部以上的高空球。

2. 动作要领

（1）挺胸式接球：要判断来球的落点，选择适当的接球位置，接球时，身体正对来球，两腿自然开立，膝微屈，两臂自然放置在体侧，上体稍后仰与来球形成一定的角度。触球刹那，胸部主动挺送，使球触胸后向前上方弹起落于体前。

挺胸式接球的形式还有跳起、蹲跪和挺胸式接传球。跳起和蹲跪的技术要领同挺胸式接球一样，只是在接球前做跳起或蹲跪的动作，而挺胸式接传球是在其原有的基础上，在胸部触球刹那，突然改变挺送的方向，将球顺势传给自己的同伴。

（2）缩胸式接球：适用于接齐胸的平直球。缩胸式接球与挺胸式接球的动作差异在于触球刹那。当球接近时，将手臂向后放并张开胸部。当球触胸瞬间，迅速收腹、缩胸，缓冲来球的力量，使球落于体前。

胸部接球的触球点高，接球后下落反弹。因此，做完胸部动作后，需及时将球控在脚下。如果要将球接向身体两侧时，在触球的刹那要突然转动身体，带动球变向。

3．易犯错误

（1）对来球落点的判断能力差，选位不当，影响整个接球动作的完成。

（2）收挺时机掌握不好，缓冲的效果差。

（3）挺胸接球时，上体仰角不合理，球的反弹角度和落点不理想。

4．纠正方法

（1）进行一抛一接的配合练习。找到合理的接球位置，调整好人与球之间的位置关系。

（2）进行分解动作的模仿收挺训练，使身体与下肢协调配合。

（3）队员自抛自接，体会上体的仰角、收挺动作、收挺时机、球的反弹角度以及接球后的连接动作。

（三）大腿接球

1．特点

大腿接球技术的特点是接触球部位面积大，而且大腿肌肉丰厚有弹性，所以该动作简单易做，适用于接有一定弧度的高球。

2．动作要领

（1）接下落高球：身体正对来球，选好支撑脚位置并稳固支撑，接球腿屈膝上抬，以大腿中前部对准来球。触球瞬间，接球腿积极引撤下放，接球部位的肌肉相应放松，以加强缓冲效果，使球触腿后落于体前。

接力量较小的来球，还可采用大腿垫接的方法，即接球腿屈膝上抬迎球接球，接球刹那大腿相对稳定，接球部位肌肉适度紧张，将球向上垫起。用这种方法接球，可在球落地前处理球，也可待球落地后将球控在脚下。

（2）接快速平直运行的空中球（该球高度不过腰间）：身体正对来球，支撑脚向前跨出屈膝，接球腿膝关节向下，大腿与地面垂直或小于90°。在触球刹那，接球腿积极引撤，接球部位的肌肉也相应放松，以加强缓冲效果，使球触腿后落于体前。

3．易犯错误

（1）接球腿引撤时机和速度掌握不好，缓冲的效果差。

（2）大腿接球部位靠前或偏后，接球效果不理想。

4．纠正方法

（1）进行一抛一接的配合练习，掌握接球时引撤的时机。

（2）进行大腿的颠球训练，在训练中找到接球的部位和良好的缓冲效果。

（四）头部接球

1．特点

头部接球技术的特点是接触球的点较高（用头部的前额接球），实用性较强，适用于接有一定弧度的高球。

2．动作要领

（1）接下落高球：身体正对来球，选好支撑脚位置并稳固支撑。当球接近时，身体不要向后倾斜过多，维持身体姿势，用前额部位对准来球，接球瞬间，稍屈膝下蹲，颈部适当放松，缓冲来球力量，使球触头后落于体前。

接力量较小的来球，还可采用头垫接的方法，即接球时头部肩部有缓冲动作即可。用这种方法接球，可在球落地前处理球，也可待球落地后将球控在脚下。

（2）接球后传给同伴：身体正对来球，选好支撑脚位置并稳固支撑，当球接近时，身体不要向后倾斜，在触球刹那，转体摆头点击给自己的同伴。这种接传方法，可根据来球的力量来增加缓冲效果。

3．易犯错误

（1）接球时动作僵硬，接球部位不对，缓冲的效果差。

（2）接球前选位不当，靠前或偏后，接球效果不理想。

4．纠正方法

（1）个人自抛自接的练习，掌握接球时机和接球的部位。

（2）进行头部的颠球训练，在训练中找到接球的部位和良好的缓冲效果。

三、运球

运球技术按脚接触球的部位分为脚背正面运球、脚背内侧运球、脚背外侧运球和脚内侧运球4种。

（一）脚背正面运球

1．特点

直线推拨，速度快，但路线单一。多在前方纵深距离较长的情况下运用。

2．动作要领

运球跑动时身体自然放松，上体稍前倾，步幅稍小，两臂屈肘自然摆动。在运球脚提起时，膝关节微屈，脚跟提起，脚背绷紧，脚尖向下，在迈步前伸着地前，用脚背正面推拨球前进。

3．易犯错误

（1）运球脚触球时松动不稳定，难以控制运球的力量和方向。

（2）膝、踝关节僵硬，变推拨为捅击动作，控制不住球。

（3）支撑脚离球过远，推球后重心滞后，人球分离。

4. 纠正方法

（1）可采取放慢运球速度的练习，固定触球脚的稳定性。反复练习并体会，步幅可小些，固定脚踝，掌握好蹬、摆用力方向。

（2）放慢运球速度，要求按照蹬、摆、推拨的顺序，做完一次，向前慢跑两步，再做一次，反复练习并体会，在熟练的基础上扩大视野。

（二）脚背内侧运球

1. 特点

运球动作幅度大，控球稳，虽不能加快速度，但是左右转换方向都很容易。主要适用于掩护性运球或运球变向，它是比赛中使用得最多的运球方法。

2. 动作要领

跑动时身体放松，支撑脚落在球侧方，身体稍向支撑脚一侧倾斜，运球脚屈膝，脚尖稍外转，用脚背内侧部位推拨球的后中部，拨球后运球脚及时落地支撑。

3. 易犯错误

（1）身体重心过高或侧倾不够，影响对运球方向的控制。

（2）触球时脚型不稳，影响控制效果。

4. 纠正方法

（1）采用固定球练习，确定支撑脚的位置，进行反复练习，体会重心前移的动作要领。

（2）在练习中，可放慢运球速度，固定脚型，强调推拨的动作顺序，体会如何控制运球方向。

（三）脚背外侧运球

1. 特点

易于变化运球方向和发挥奔跑速度，还具有掩护球的作用。运用时灵活性、可变性强，运球形式可分为直线运球、曲线运球和变向运球。

2. 动作要领

运球跑动时身体自然放松，上体稍前倾，两臂屈肘自然摆动，步幅稍小。运球脚提起，膝关节微屈，脚跟提起，脚尖稍内转。在迈步前伸着地前，用脚背外侧推拨球。

（1）直线运球时，自然跑动，步幅偏小，上体稍前倾，两臂协调摆动。运球脚屈膝提起前摆，脚趾稍内转并斜下指，当膝关节摆至球体后上方时，用脚背外侧推拨球的后中部，重心随即跟上。

（2）曲线运球时，触球作用力方向应偏离球心，使球呈弧线运行。

（3）变向运球时，应根据变向角度的大小，调整支撑脚的位置和触球部位及运球脚用力方向，保证蹬摆用力与推拨触球能协调一致。

3．易犯错误

（1）运球脚直腿前摆，难以控制推拨力量。

（2）膝、踝关节僵硬，影响控球效果。

（3）身体重心偏高或后坐，影响重心跟进。

4．纠正方法

（1）在练习中，确定支撑脚的位置和触球脚的部位，进行走步式练习，体会动作要领。

（2）在练习中，可变换运球方向，强调推拨的动作顺序。

（四）脚内侧运球

1．特点

与其他运球技术相比，速度最慢，容易控制，多用于掩护性运球或运球变向。

2．动作要领

运球时，支撑脚稍向前跨，踏在球的前侧方，膝关节稍弯曲，上体前倾向里转。随着身体向前移动，运球脚提起，用脚内侧推球的侧后中部。

3．易犯错误

（1）支撑脚选位不好，挡住球路或影响运球脚做动作。

（2）推拨球时，踝关节松动或脚尖外转不够，影响控制运球方向。

4．纠正方法

（1）在练习中，确定支撑脚的位置，进行走步式练习，体会动作要领。

（2）在练习中，固定脚型，强调触球时脚尖外转。

第三节　实战足球技术

一、进攻技术

（一）过人

运球过人在技术方法的形式上多种多样，但都是利用运球者速度或方向的变化，达到突破对手的目的。下面介绍几种典型的运球过人方式：

1．强行突破

强行突破是指以突然推球和快速起动相结合的动作越过对手的动作方法。采用此方法过人时应注意以下几点：

（1）队员奔跑速度快，起动动作快而突然。

（2）准确掌握起动的时机。一般应在对手企图抢球而又犹豫不决的刹那。

（3）对手的身后有较大的空当，突破后其他队员不能及时补位。

（4）推拨球的距离要稍远些，以便加快奔跑速度超越对手。

2．假动作突破

假动作突破是指运球队员利用腿部、上体、头部虚晃或眼神的变化，伴装传球或射门以迷惑对手，使其产生错误的判断，从而趁机越过对手的动作方法。采用此方法过人时应注意以下几点：

（1）将主要精力集中在观察对手的反应和动作上。

（2）随时准备，能突破就突破，不能突破也要控制住球。

（3）假动作要逼真，但晃动时身体重心不能超过支撑点。

（4）由晃到拨的动作要突然而快速。

3．快速拉、扣、拨球突破

这种突破是指通过用脚的快速拉、扣、拨球动作，不断地变换运球方向，越过对手的动作方法。采用此方法过人时应注意以下几点：

（1）拉、扣、拨的动作必须熟练而准确。

（2）随时观察对手的反应，一有机会，马上突破。

（3）身体重心的移动和起伏不宜过大。

（4）要配合身体和头部的假动作。

4．变速运球突破

变速运球突破是指利用运球速度的突然变化摆脱对手的动作方法。采用此方法过人时应注意以下几点：

（1）要以远离对手的脚控制球，并做侧身掩护动作。

（2）运球速度的变化要突然、隐蔽。

（3）能随时控制住运球的速度。

5．穿裆球突破

穿裆球突破是指防守队员企图伸腿抢球时，运球队员突然推球从防守队员胯下穿过的动作方法。采用此方法过人时应注意以下几点：

（1）运球接近对手时稍微侧身。

（2）运球时，重心不要太低，速度要稍慢些。

（3）随时注意对手的站立姿势及重心移动。一旦发现其两脚开立较大，重心又落于两脚之间时，立即推球穿裆，快速起动越过。

6．人球分过突破

人球分过突破是指运球者和球分别从防守者的两侧越过的动作方法。该方法多是在攻方队员处于活动中，而防守队员尚未取得正确防守位置时运用。采用此方法过人时应注意以下几点：

（1）运球的路线要稍偏于对手的一侧。

（2）要在对手即将取得正确防守位置之前进行突破。

（3）推出的球最好成弧线运行绕过对手。在推球的同时突然加速，从对手的另一侧越过得球。

（二）射门

1．正脚背射门

（1）特点。

力量大，球速快，射程远。对手较易看出射球去向，而且准确度较难掌握。

（2）技术要领。

起跑点、皮球和目标应成一直线，膝向目标轻松助跑，立足脚站在皮球侧近，自然向后提起小腿，眼望皮球顶部，锁紧脚跟挥动小腿抽向皮球中央点，击球后身体势追前完成整个射门动作。

（3）训练技巧。

脚尖向下，球速快慢取决于小腿挥动速而非来大腿力量，射球前宜预先选定击球部位，射球后收紧大腿前部肌肉可避免不慎弄伤半月板。

2．脚外侧弯射

绕过对手封堵的中至较远距离的射门（任意球）。

（1）技术要点。

斜线碎步跑向皮球，当立足脚站在皮球侧近的时候，提腿扭摆身体锁紧脚跟，利用脚外侧抽击皮球偏外三分一处，射球后顺势收膝完成射门动作。

（2）训练技巧。

脚尖向下，利用脚背偏外平面拉击皮球，较易形成皮球外弯去势，射球力度越大弧度越大，力度弱则难以绕越对手。

3．脚内侧弯射

（1）技术要点。

斜线跑向皮球，立足脚站在皮球侧近，提腿锁紧脚跟，利用脚内侧抽击皮球偏外三分一处，击球过程顺势扭动身体，射球自然弯出。

（2）训练技巧。

脚尖向前偏上，善用球靴内侧商标位触球，较易掌握皮球去向，射球力度过大会导致皮球高飞而去，力度弱又较难绕越对手。

4．脚内侧撞射

（1）特点。

射门准绳易掌握，起脚后较易改变方向。射球力度偏弱，对手较易看清皮球去向。

（2）技术要点。

轻松跑向皮球，射球前平衡身体，膝向皮球顺势提腿，当立足脚站在皮球侧的时候，轻扭身体膝转向外，锁紧脚跟撞击皮球中央将球射出。

（3）训练技巧。

射球时脚尖保持向上，用球靴内侧商标位撞击皮球，较易掌握皮球去向。平时可练习用脚内侧拍墙，练至仅得一下撞击声为佳，如有两下声响表示脚内侧和皮球的接触面尚未掌握。

二、防守技术

（一）防守抢、断球的技术动作

抢、断球包括抢球和断球两种技术，但从其动作过程分析，都是由判断选位—上步抢断—衔接动作三个技术环节构成的。

1．判断选位

准确判断是进行有效抢、断的前提，是移动选位的依据。

抢球时，守方要对攻方的动作意图、动作时机、动作变化、控球距离等情况进行分析判断，并据此选择和调整自己的防守站位。一般来说，抢球的站位应是在对手与本方球门线中点的连线上。当对手背对球门时，可采用贴身逼抢以防其转身。若对手已转向球门方向，则应本着"以堵为主，堵中放边"的原则选位，并伺机抢球。

断球时，守方应准确判断攻方的出球意图、出球时间、出球方向以及传、接队员的位置关系等，选择或调整自己的防守位置。一般情况下，应选在对手与本方球门线中点构成的连线上，并偏向有球一侧，与对手保持的距离应向前有利断截、向后有利封堵。在牢牢控制对手的基础上，争取和把握住断球机会。

2．上步抢断

上步抢断包括抢断时机和抢断动作两个部分的内容。在个人防守中，要树立攻击性防守的主动意识，只要有可能，就要积极抢先断截对方的球，从而在气势上给防守造成压力。一旦对手已控稳球，则应注意在封堵过程中找机会抢断，切忌不顾后果的盲目扑抢。

断球的时机一般是当球飞行距离较长，对手注意力在球上并消极等球，而自己的位置又能抢先一步触到球，则快速发动。

抢球的时机多是在对手触球刹那、球暂时失控或远离控制时，抢先伸脚将球抢过来。

抢、断球的动作方法很多，可针对来球性质和状态合理选用相应的动作，如地滚球或低平球可用脚内侧抢断，平球或高球可用胸或头部截击，反弹球可用脚或腹部抢断。也可根据抢球的位置选用相应方法，如正面的抢球多用脚内侧，侧面抢球可利用规则允许的"合理冲撞"，侧后抢球多用铲球动作来弥补位置上的劣势。

无论采用哪种动作，都应做到突然、迅猛、准确，使对方出乎意料或反应不及。抢断球时，支撑腿要积极后蹬，加速重心前移，抢球腿积极上步跨抢，争取抢先触球，抢断动作要"硬朗"，以加强抢断时的动作力度。

3．衔接动作

抢、断球除在危急情势下具有破坏的性质以外，多数情况下是为了获得球或控制球。抢、断球动作的结束，应是控球动作的开始。所以在进行抢球或断球时，应考虑后继的动作。一旦抢断成功，重心应向球的方向快速移动，保证抢、断、控球动作的连贯性。

（二）抢球

抢球技术的运用较为复杂，主要是无球技术和有球技术的合理结合。其运用方式包括正面抢球、侧面抢球和侧后方抢球三类动作。

1．正面抢球

进攻者运球正面对着抢球者而来，将对手所控制的球抢过来或破坏掉所采用的动作方法，称为正面抢球。正面抢球包括正面跨步抢球和正面倒地铲球。

（1）动作要领。

① 正面跨步抢球：两脚前后开立，两膝微屈，身体重心下降并放在两脚之间，面向对手，在对手运球脚触球即将着地或刚着地时，支撑脚用力后蹬，抢球脚以脚内侧对着球跨出，膝关节弯曲，上体前倾，身体重心移至抢球脚上，另一脚立即前跨。如果双方的脚同时触球，则要顺势提拉，使球从对方脚背滚过，同时身体重心要迅速跟上，把球控制好。在离球稍远抢不到的情况下，则可用脚尖捅抢。

② 正面倒地铲抢：两脚前后开立，两膝弯曲，身体重心下降并落在两脚间，面向对手。在对手运球脚触球即将着地或刚着地时，一脚立即用力后蹬，另一脚沿地面向前滑铲，同时上体侧转后仰倒地，接着蹬地脚迅速沿地面成弧形扫踢球，屈肘用手扶地或接着侧滚。

（2）易犯错误。

① 身体重心不能及时移到抢球脚上，抢球脚的踝关节不够紧张，抢球无力。

② 触球后重心跟进不及时，影响衔接下一个动作，不能及时控球。

③ 抢球的时机掌握不好，不能抢先触球而失败。

④ 抢球动作缺乏力量，提拉速度慢，影响抢球效果。

⑤ 抢截球时运用动作不合理而犯规。

（3）纠正方法。

① 进行徒手模仿练习，或对固定球从不同的方向体会技术动作。

② 从弱对抗到强对抗进行练习，体会抢球时机和腿部的发力。

2．侧面抢球

侧面抢球是与运球者平行跑动或从后面追成平行位时所实施的抢球动作。主要包括合理冲撞抢球、异侧脚铲球和同侧脚铲球三种情况。

（1）动作要领。

① 合理冲撞抢球：当与对手并肩跑动时，身体重心稍下降，同对手接触一侧的臂紧贴自己的身体。当对手靠近自己一侧的脚离地时，用肘关节以上部位冲撞对手相应部位，使其失去平衡而乘机将球抢过来。

② 异侧脚铲球：当控球者拨出球的刹那，抢球者后脚（同侧脚）用力后蹬地成跨步，前脚（异侧脚）以脚外侧沿地面向前内侧滑出，用脚底蹬球，然后小腿外侧、大腿外侧和臀部依次着地。

③ 同侧脚铲球：当控球者拨出球的一刹那，抢球者后脚（异侧脚）用力后蹬成跨步，前脚（同侧脚）以脚外侧沿地面向前外侧滑出，用脚背或脚尖将球踢或捅出，然后小腿外侧、大腿外侧和臀部依次着地。

3．侧后抢球

侧后抢球多是在对手突破的情境下，防守队员进行的回追反抢技术。由于位置上的劣势，因此必须靠铲抢动作争取主动，分为同侧铲球和异侧铲球。其铲球动作同侧面铲球，只是要特别注意铲球的时机与动作，不能造成先铲到人而犯规。

（1）易犯错误。

① 蹬跨发力不足，滑降速度慢，铲不住球。

② 动作不连贯，着地支撑缓冲动作不合理，容易造成损伤并影响下一动作的快速衔接。

③ 铲球后起身动作缓慢。

（2）纠正方法。

① 进行无球模仿练习，注重身体倒地速度以及身体与四肢的协调配合。

② 倒地飞行距离应从近到远，对抗强度从弱到强，注重倒地后的自我保护和快速起身后下一个动作的衔接。

（三）断球

特点：断球是比赛中经常使用的动作，分为踢断、顶断、铲断和接断等技术动作。凡是需要直接进行传、射等的断球，就需要用踢断、顶断、铲断动作来完成；凡是需要使球处于自己控制之下的断球，则必须使用接球动作来实现。断球时，应对对方的传球路线有预见性，对对方传球的时间、力量、落点等有迅速判断的能力，起动要迅速果断，不使对手有所准备。

第四节 校园足球运动的开展

校园足球的开展是我国体育教学事业的重大举措，既有利于提升学生的体质健康水平，又有助于培养更多的优秀足球后备人才。在学校教学的具体实施中，要吸收更多的优秀教师人才，加大资金投入和设施建设，优化教学方法，提倡多层次的交流活动，与家长及社会各界共同努力，发展校园足球，以此提升学生的整体体质健康水平，培养更多优秀足球后备人才。

足球运动为国际最具影响力的体育运动之一，也是世界第一大体育运动。我国足球运动虽经过多年发展，但足球比赛成绩却不尽如人意，这些情况不得不令国人担忧。为此，在这样的大背景下，近年来我国政府正式开展校园足球运动，引足球进校园，通过校园足球的开展促进学校体育教育工作的发展，促进学生体质健康水平的发展。

一、校园足球开展的重要意义

从以往的足球发展历程来看，我国足球的发展并不乐观，似乎已进入一个死胡同。但笔者看来，中国足球仍可以力挽狂澜。中国足球运动的发展时间并不长，在未来仍需不断探索、实践，以得到更好的发展，而校园足球的开展无疑具有重要意义。

（一）有利于提升学生整体体质健康水平

近年来，我国学生的整体体质健康水平并不高，甚至有部分学生的体质健康水平极差，此问题也引起政府及社会各界的普遍关注。校园足球的开展，有利于引导更多学生以更加积极的姿态参与足球运动，从而提高体质健康水平，增强体魄，为足球未来打下坚实的基础。

（二）有利于培养更多优秀足球后备人才

中国足球运动员之所以无法在国际足球比赛中获得好成绩，受诸多因素的影响，其中最为重要的影响因素之一便是缺乏优秀的后备人才。校园足球的开展，可以让更多学生从小接触足球运动，对足球运动产生兴趣，然后从中挑选一些有天赋且优秀的学生进行培养，为足球运球提供优秀的后备人才。

二、校园足球开展的具体措施

足球是世界第一大球，深受人民群众喜爱。在我国，足球运动具有群众基础，所以将足球运动纳入学校体育教学体系尤为重要。近年来，我国校园足球运动得以广泛开展，由此也引起专家、学者及一线教师的普遍关注。那么，校园足球运动究竟如何开展呢？笔者对该问题进行了深入思考。

（一）培养和招聘更多优秀足球教师

过去很长一段时间，由于我国学校体育对足球教学并未予以足够重视，足球教师数量较少，优秀的足球教师数量则更少。部分学校根本没有足球专业毕业的足球教师，足球教师往往由原本是篮球专业或田径专业的体育教师担任，此种情况严重影响了校园足球的开展。为切实解决此问题，各地方体育局和学校应积极组织足球教师参与培训，通过培训的方式夯实足球教师的专业素养，从而培养出更多优秀的足球教师。与此同时，还应加强足球教师之间的交流与探讨，相互间吸取更多有益于足球教学的经验，进而将其切实应用至具体的足球教学过程中，不断提升足球教学质量。除此之外，学校还应加强足球教师的招聘力度，招聘更多足球专业毕业的大学生来校任职。有了这股新鲜血液的融入，学校的足球师资力量也会更强，从而更好适应校园足球的开展。

（二）加强学校足球场地设施的建设

业内人士均明晰，校园足球的开展离不开足球场地设施的重要支持。但遗憾的是，如今我国很多学校的足球场地设施并不充足。学生上足球课没有教学场地，课余时间参与足球运动也没有足够的运动场所。试想，这样的情况如何能充分调动学生的足球学习和运动参与积极性呢？基于此种情况，建议各地方政府应加大对学校足球场地设施建设的拨款，用于支持校园足球的发展。除此之外，学校还应积极自筹经费，如倡导爱心人士或爱心企业捐款等，用于本校足球场地设施建设。在具体工作实践中，部分学校的领导对学校足球场地设施的建设并不重视，他们大多数人更愿意将资金用于多媒体教学设施等方面的建设。学校领导应切实转变观念，对校园足球场地设施建设予以更多关注。

（三）足球教师应积极优化教学方法

在校园足球的开展过程中，部分足球教师的教学方式过于死板，很难真正调动学生的足球学习积极性。为此，足球教师在具体的教育教学方法上也应做出适当改变，对自身的足球教学方法进行不断优化。例如，学生在进行基本的足球技术动作练习时，足球教师可用智能手机录下学生的错误技术动作，进而结合录像对学生进行错误技术动作纠正。这样的做法更具直观性，也更容易提高足球教学质量。再如，足球教师在课堂中发现学生的足球学习参与积极性不高时，可适当采用游戏教学法，让学生充分体验足球游戏带来的快乐体验。此外，足球教师可采取的教学方法还有很多，如时下较为流行的情境教学法、合作学习法、分层教学法及翻转课堂教学模式等。对于上述教学方法，足球教师均应对其进行深入探索、研究与实践，提高教学效率，让更多学生爱上足球学习，爱上足球运动。

（四）积极组织开展校园足球比赛

事实上，校园足球的开展，仅做好上述几点是远远不够的。为调动学生的足球运动参与积极性，我们还需有的放矢地组织校园足球比赛。例如，足球教师或班主任可利用课余时间，积极组织班级或年级间的足球比赛。班级间或年级间足球比赛的开展，不仅可以充分调动学生的足球运动参与热情，还可在一定程度上推动校园足球的发展。另外，体育局还应定期或不定期组织校际间的足球联赛。据了解，如今很多地区已经将校际间足球联赛作为每年的重要战略安排，通过校际间足球联赛的开展，提高学生的足球学习和运动参与热情。也就是说，为切实推进校园足球的发展，积极组织开展校园足球比赛是极为重要的，是校园足球开展过程中必不可少的重要一环。

（五）积极获取学生家长的大力支持

对校园足球的开展，很多家长并不是非常支持，甚至还有部分家长持明确反对态度，他们认为如今的升学压力太大，学生在校期间的任务是学习，将来考上一所理想大学，找到一份理想工作才更重要。在家长的影响下，部分学生的校园足球参与积极性也随之降低。针对此种情况，学校在开展校园足球的过程中，应与学生家长积极进行沟通，让家长切实了解到学生参与足球运动的好处，使他们切实认识到参与足球运动有利于提升学生的体质健康水平，学生体质健康水平提升后，才能更好地参与文化课学习。学生家长明晰此点后，会更加支持校园足球的开展。

总而言之，校园足球的开展既有利于提升学生的整体体质健康水平，又有助于培养更多优秀足球后备人才。因此，我们应在校园足球的开展方面多下功夫，积极发现校园足球发展过程中存在的问题并解决问题，这样我国校园足球的未来发展定然会越来越好。

第三章　篮球运动及其在我国的发展

第一节　篮球运动的起源及发展

一、篮球运动的起源

　　篮球运动的产生是社会发展和人们生活的需要。19世纪中叶以后，欧洲产业革命不断发展，带动了劳动技术的不断创新，生产力得到了前所未有的提高。这将人们从繁重的生产劳动的束缚中解放出来，因此，人们获得了充足的余暇时间。为了度过日益增多的闲暇时间，人们呼唤着新的生活方式的产生，于是渴望并追求新的生活方式成为时代发展的潮流。这种情况引起了一些有远见卓识的教育家、社会活动家的广泛关注和热心支持，他们发明了许多属于现代体育活动范畴的健康文明的活动性游戏。在这种情况下，篮球运动应运而生了。

　　篮球运动是由美国马萨诸塞州斯普林菲尔德学院基督教青年会体育教师詹姆斯·奈史密斯博士发明创造的。1891年，美国的气候非常寒冷，非常流行的棒球运动无法开展，学生们对室内古典体操没有兴趣，因此急需一项适合在室内进行的体育活动。为了提高学生的兴趣，詹姆斯·奈史密斯进行了诸多设想，比如将橄榄球、足球等搬进室内，由于场地限制或其他原因，均告失败。1891年12月，詹姆斯·奈史密斯受到工人和儿童向桃篮内做投准的游戏的启发，并综合了橄榄球、曲棍球、足球等游戏的特点，设计了以投掷准确性程度来计分并决定胜负的游戏，奈史密斯为之取名为"篮球"。篮球游戏最初是在健身房两端的栏杆上各捆绑一只桃篮，距离地面3.05米，用足球作为比赛工具，向篮筐投掷，投球入篮得1分，投多者为胜。因为每次投球进篮后都需要爬梯子将球取出才能重新开始比赛，比赛非常麻烦，所以后来将篮底剪开，逐渐发展成现在使用的球篮。1891年12月25日圣诞节前夜，詹姆斯·奈史密斯博士亲自主持了近代篮球运动史上的第一场比赛。由于这项活动竞争激烈，趣味性强，容易掌握，受到了人们尤其是年轻人的喜爱。经过不断的发展，篮球运动已在世界范围内展开，并逐渐深入到人们的生活中。

二、篮球运动的发展

（一）初级发展阶段

篮球运动诞生之后，很快就传向了世界各地。1892年传入墨西哥，1893年传入法国，1895年传入中国天津，1896年传入巴西，1897年传入捷克斯洛伐克，1901年传入日本和伊朗。1904年，美国青年会篮球队在第三届奥林匹克运动会上进行了篮球表演赛。1908年，美国制定了全国统一的竞赛规则，并用多种文字在全世界出版发行。此后，篮球运动逐步在中美洲、亚洲、欧洲、非洲和大洋洲开展起来。1932年成立了国际业余篮球联合会。1936年第11届奥运会将男子篮球列入正式比赛项目。至此，篮球运动已进入初级发展阶段。

（二）完善普及与全面提高阶段

自20世纪30年代篮球运动登上世界体育舞台之后，随着规则的不断完善，对篮球的技、战术提出了更高的要求，因此，比赛日趋激烈。由于技术和战术的进一步提高和高大队员的相继出现，世界各强队经过近20年的努力，开始力争在速度与高度方面取得优势，同时更加注重进攻与防守的平衡。直到20世纪70年代，形成了身高与技术同步发展的基本格局，使身体、技术、智力、心理等各对抗因素融为一体，终于为现代篮球运动的发展奠定了基础。

（三）职业化与大众化大发展阶段

20世纪80年代后的篮球运动，开始向职业化方向发展。1986年国际业余篮联取消"业余"名称，改为国际篮球联合会（FIBA），1989年又通过了允许职业球员参加国际篮联举办的比赛的决定。由于这一重大改革，促使20世纪90年代世界篮球运动迅速向"高速度""高空优势""激烈对抗"的方向发展。进入21世纪，篮球运动同时向大众化方向发展，并在全球迅速普及。到目前为止，国际篮球联合会的会员国已达212个，有超过4.5亿的篮球人口，是国际体育社会成员最多的体育组织之一。

第二节 篮球运动的特点及其价值分析

一、篮球运动的特点

　　篮球运动是在长28米、宽15米的长方形场地上按一定的规则用双手或单手将球投向离地面3.05米高的球篮，并在规定的时间内以投进对方球篮球数的多少决定胜负的一项球类游戏。随着社会的进步和时代的发展，现已发展成为风靡全球、人们喜闻乐见的运动项目。

　　篮球运动是一项集体性很强的运动项目，只有运动员们团结一致、齐心协力、互相合作才能战胜对方。为了取得比赛的胜利，在规则允许的条件下，进攻队员可以使用各种各样进攻技术和进攻战术，防守队员为了破坏对方的进攻，采用相应的防守技战术。因此，可以说双方运动员既是同场竞技，也是攻守交错，他们展开的是一场以球为中心的激烈争夺。

　　人体基本活动能力中的跑、跳、投等基本动作，运用时再加以各种各样的变化，构成篮球运动的技术。篮球战术是由进攻战术和防守战术两大类战术体系构成，进攻和防守战术的选择则要根据临场攻守形势的变化而不断变化。因此，篮球技、战术的运用具有复杂性和多变性，这就要求运动员不仅要有多样、协调的技术动作，还必须具备随机应变的能力。

　　现代篮球运动已完善发展成为一项科学的、技艺化的、国际大众性的竞技体育项目。其本身的活动过程，除了发挥强身健体的功能以外，还在于展现人们为追求更高、更快、更强的奥林匹克精神，更重要的是彰显着人类生命的活力，已经演变成为一种特殊的社会文化现象，一道反映时代特征的社会人文景观。

二、篮球运动的价值分析

　　篮球运动具有巨大的价值，主要体现在健身价值、健心价值与社会价值三个方面。

（一）篮球运动的健身价值

1. 篮球运动对身体形态和机能的价值

（1）篮球运动对身体形态有着重要的作用。

篮球运动对人体的身体状态有着重要的作用，首先体现在对骨骼的作用上。人们进行适宜的篮球运动锻炼，使骨骼承受一定负荷的刺激，能够促进血液循环，改善骨骼的营养供给，加快骺软骨的增生和骨化增长，从而促进骨骼的生长发育；经常参加篮球运动，采用较低和中等强度的运动负荷，对于发育中的骨骼，可明显促进其骨密质的形成；篮球运动对骨松质的作用也是篮球运动对骨骼作用的体现，大量研究表明，篮球锻炼使骨小梁新骨形成增加，骨小梁排列更有序化。

篮球运动对人体的身体状态的重要作用还体现在篮球运动对肌肉的作用上。骨骼肌是实现人体运动的器官。研究证明，科学的体育锻炼可使骨骼肌的形态、结构及功能发生一系列适应性变化，具体表现在以下几个方面：篮球运动能够使肌肉体积增加；篮球运动可以促使肌腱和韧带中的细胞增生，也可使肌外膜、肌束膜和肌内膜增厚，肌肉变得结实，抗牵拉强度提高，从而增强肌肉抗断能力；作为一项集力量、爆发力、耐力、速度、灵敏性和柔韧性于一体的运动项目，篮球运动可使肌纤维得到最大限度的发展，而且快肌纤维增粗明显。篮球运动还可以增强肌肉收缩能力，篮球运动通过改善和提高肌群的协调性，使肌肉收缩能以最有效、最经济的方式来完成某一动作，肌肉收缩的效率得到充分发挥。另外，经常参加篮球运动，一方面会使肌肉中的线粒体数量增多，体积增大，肌肉有氧氧化生成ATP的能力增加；另一方面会使肌糖原含量增多，增加肌肉内能源储备，可以延缓运动性疲劳的产生，有利于肌肉进行紧张持久的工作。此外，篮球运动对身体成分的作用也是篮球运动对身体形态作用的体现。

（2）篮球运动对心血管系统机能有着重要的作用。

篮球运动是时间较长、强度较大的运动项目，能够增强人们的心肌收缩力，进行篮球运动时，肌肉活动需要消耗大量的氧气和营养物质，同时产生较多的二氧化碳等代谢产物，血液循环加快使心肌增厚，心腔扩大，篮球运动还有利于静脉血液回流，使心脏舒张末期的容积增加，这些都是篮球运动对参与者心脏泵血功能的作用。经常参加篮球运动，动脉血管壁的中膜增厚，平滑肌和弹性纤维增多，大动脉的弹性纤维增长占优势，中等动脉的平滑肌细胞增长占优势，同时使心脏周围毛细血管的数量增加，心室肌毛细血管密度增大，冠状动脉增粗，有利于心肌的血液供应和对氧的利用。作为一种运动，它使血氧饱和度增高，肌红蛋白增加，机体内含氧量增强，这都体现了篮球运动对锻炼者血液循环系统功能的作用。篮球运动还对微循环系统有着重要作用。篮球运动时，肌肉中的代谢产物增多，促使真毛细血管开放增多，有利于肌肉获得更多的氧，以适应代谢的需要。

（3）篮球运动对呼吸系统机能有着重要的作用。

经常参加篮球运动，能使呼吸肌得到发展、胸围加大、呼吸深度加深、肺和胸廓弹性增强、安静时呼吸次数降低、肺活量增大。经常参加篮球运动的人们，肺活量明显增加，有氧运动能力有显著提高，这说明篮球运动对改善机体的生理机能有积极的影响。篮球运动可使安静时呼吸深度增加，而呼吸频率下降，肺泡通气量和气体交换率加大，即肺通气更有效。人体通过呼吸系统摄取到氧气，还要通过心血管系统把氧输送到组织器官。经常参加篮球运动还可以使肌肉中的毛细血管增加，线粒体数目增多和体积增大，促进静脉血液回流和有氧氧化酶的活性增加，并可提高肌红蛋白含量和最大吸氧量。

2．篮球运动对身体健康素质的价值

（1）篮球运动对有氧代谢能力有着重要的作用。

篮球运动可以提高有氧代谢能力。现代篮球比赛中的运动负荷为高密度、大强度。由于比赛中经常出现犯规、暂停、换人、球出界等情况中断比赛，运动员可以利用这些时间获得短暂的休整，所以在比赛中大部分时间都是以有氧代谢供能为主。作为普通人参加篮球运动或篮球比赛，运动强度要大大小于专业篮球运动员，其有氧代谢提供的能量比例更大。因此，经常参加篮球运动可以有效提高肺泡通气量，提高呼吸效率，改善心血管机能，促进组织器官中氧化酶活性升高，增强利用氧的能力。

（2）篮球运动对肌肉力量有着重要的作用。

篮球运动可以使肌纤维增粗，募集更多的运动单位，从而能够增加肌肉力量。参加篮球运动，运动者的肌肉纤维增粗，合成ATP能力也得到增强，肌肉持续工作时间延长，从而增强了肌肉耐力。

3. 篮球运动对身体运动素质的作用

（1）篮球运动对速度和爆发力素质有着重要的作用。

篮球运动对速度素质的作用主要体现在提高反应速度和加快位移速度上。在篮球运动中，在看到进攻队员传球或投篮时，需要非常迅速、准确地作出判断，并同时做出相应的技术动作，这就是良好的反应速度。经常参加篮球运动可以提高感受器的敏感程度，感受器越敏感，越能缩短对各种信号刺激的感受，优化传导途径，提高中枢神经系统的兴奋性，使反应时间缩短。篮球运动员的攻防转换、运球上篮的速度、长传快攻上篮的跑动速度等，可使神经兴奋与抑制过程灵活性提高、转换能力增强、人体两脚交换频率增快，位移速度也就加快了。篮球运动对爆发力素质的影响主要体现在加大起动速度和提高弹跳能力上。篮球运动员通过各种快速、灵活、突变的脚部动作，在全身协调配合下，使身体的位置、方向和速度发生变化，并运用基本技术，才可更好地达到进攻时摆脱防守，防守时防住对手，以争取攻、守主动的目的。因此，经常参加篮球锻炼可以提高起动速度。现代篮球运动争夺高空优势尤为重要，因而运动员在瞬间的变化中通过合理的技术争夺篮板球、抢断、封盖等，都需要具备良好的弹跳力，实践证明，经常从事篮球运动能提高弹跳能力。

（2）篮球运动对力量和弹跳力素质有着重要的作用。

篮球运动员在比赛和训练中经常进行跑、跳、投、争抢篮板球和防守等动作，为了使自己跑得快、跳得高，运动员需要充分利用大肌群力量，通过腿、臂、肩、背、腰，以及整个躯干的各肌群有机地协调配合，才会产生最佳的做功效果。因此，经常参加篮球运动可以提高力量素质。在篮球比赛中，运动员为了更好地完成各项任务，弹跳力成为不可缺少的一种素质。队员为了适应比赛的需要，必须具备连续跳的能力，不断提高弹跳力素质。经过不断地弹跳，参与者的弹跳力素质得到提高。

（3）篮球运动对耐力素质有着重要的作用。

经常参加篮球运动可以提高速度耐力素质，发展一般耐力素质。篮球比赛是一项长时间，高、中、低强度重复交替进行的非周期性运动项目，运动员需要有长时间反复进行短距离、高强度运动的能力。所以，经常参加篮球运动，能提高速度耐力素质。经常参加篮球运动，能使机体有氧氧化能力提高，血乳酸清除能力加快，同时脑对血乳酸的耐受力得到提高。实践证明，经常参加篮球运动，有利于发展一般耐力素质。

（4）篮球运动对身体柔韧性有着重要的作用。

柔韧性素质是指人体关节活动幅度的大小，以及跨过关节的韧带、肌腱、肌肉、皮肤及其他组织的弹性和伸展能力。篮球运动可以改善参与者的身体柔韧性。篮球运动中的跑、跳、投、传每一个动作，都需要全身的参与。运动员在场上的位置不同，对全身各关节柔韧性要求也不同。因此，全身各关节的柔韧性在每一个动作中都有具体作用，哪一个部位的不协调都会影响技术动作的发挥。所以，经常参加篮球运动可以改善身体的柔韧性。

（二）篮球运动的健心价值

1. 篮球运动有助于情商的培养

情商是一种非智力因素，通常表现为协作配合能力、处理人际关系的能力、组织管理能力、解决问题的能力以及承受挫折的能力等。情商作为一种非智力因素，对参与者的学习、工作、生活以及事业的成功都很重要。篮球运动有明显的对抗性、集体性和统一性规律，参加篮球运动可以培养参与者充沛的体力和精力、良好的心理承受能力、公平的竞争意识、广泛的社会交往能力，以较高的情商去应对学习和生活中的困难。参加篮球运动，可以培养团结拼搏、乐于奉献、积极向上的优良品质；在篮球规则的约束下，有利于形成文明的行为方式和良好的体育道德风尚；在篮球竞赛过程中，有利于培养克服困难、善于创新的精神，有利于培养科学、文明、健康的生活态度。

2. 篮球运动有助于提高健康幸福感

健康幸福感也称心理自我良好感，是指与积极参加身体锻炼有关的某种兴奋、自信和自尊的情绪和态度体验。积极参加体育锻炼者比不运动者的自我感受和评价更积极，这主要是由于锻炼身体产生了内心愉快和乐趣的结果。锻炼身体对健康幸福感产生积极影响的原因有生理的、心理的和社会的，也可能是三者综合作用的结果。在篮球运动中，当一个技术或战术运用成功，或者取得比赛胜利后，个体会以自我欣赏的方式传递其成就信息于大脑，体验成就效应，从而产生自我成就的认识和情感体验，产生愉快、振奋和健康幸福感。

3. 篮球运动有助于减轻焦虑和抑郁症状

焦虑是一种对当前或预计的威胁所反映出的恐惧和不安的情绪状态。与紧张、焦虑等消极情绪相比，抑郁属更深层的复合性负情绪，它可能是伴随人生价值的失落感而产生的悲伤、恐惧、焦虑及羞愧甚至负罪感，其持续时间更长，给人带来的痛苦更大。在篮球运动过程中，人们通过自然的相互交流，会产生相互信任、相互鼓励。通过参加篮球运动，不仅可以增进快乐、调节情绪、振奋精神，而且这种积极的情绪状态可以使人自信、自尊、自豪、自强，并使烦恼、焦虑、抑郁、自卑等不良情绪得以解除。所以，长期参加篮球运动，对于那些神经衰弱、歇斯底里等精神疾病患者来说，具有一定的改善和治疗作用。

4. 篮球运动有助于塑造健全的人格精神

人格精神即指包括气质、能力、性格和理想、信念、动机、兴趣、人生观等各方面能够得到协调与平衡发展，人格作为人的整体的精神面貌能够完整、协调、和谐地表现出来。篮球运动从宏观上看是群体的竞争，从微观上看又是群体中个体之间的身体冲突和技巧智能的直接对抗。篮球运动中的每一个环节，都要求个体在充分发挥自身特点和水平的基础上，构成整体实力，或者说群体的默契配合依赖于个体的技巧和智能的充分发挥。篮球运动复杂多变，每一个瞬间都要求个体必须做出正确的观察判断，独立果断地选择个人战术行动。篮球比赛中，运动员运用技、战术的时机很重要。个体失误的累加往往会影响局势的发展。篮球运动的这种特点表明，艰难中需要勇气，常态下需要创新，只有个性鲜明、人格独立的人才敢于冒险和创新，才有可能在极端复杂困难的条件下坚持与强有力的对手进行顽强的斗争，并取得比赛的最终胜利，创造出意想不到的成功。篮球比赛的竞争可以最直接、最富有力度地表现人的本质力量。因此，通过篮球比赛，不仅能够锻炼人们坚韧不拔、勇敢顽强、吃苦耐劳的意志品质，而且对人的自觉性、目的性、果断性以及自制力、坚持力、创造性等均有极大的影响，所以篮球运动可以实现人的个性的自由发展。运动中需要观察对手，分析判断，扬长避短，创造优势，把握时机，敢于胜利，这也是现代人人格精神的内涵，是激烈的社会竞争中必须具备的基本素质。

5. 篮球运动有助于创造良好的情绪体验

篮球运动中自始至终贯穿着比赛双方在身体素质、技战术水平、心理智能等多方面的对抗和竞争，在规则允许的范围内攻击对手，战胜对手，获取胜利。篮球运动富有趣味和激情，在运动过程中，通过锻炼者娴熟地运球、巧妙地传球、准确地投篮、果断地抢断、高超地扣篮与封盖，再加上攻守交错、对抗变换，给人以美的感受，无论是参与者还是观看者都会经历"尖峰时刻"，得到良好的情绪体验。

6. 篮球运动具有文化娱乐的价值

在日常的工作学习中，人们面临着各种各样的压力，对人们的心理健康造成一定的危害。篮球运动可以作为人们休闲的一种手段，通过篮球运动，人们的压力得到释放，从而可以以最佳的状态重新投入到工作学习中去。即使不亲自参与运动，人们通过观看篮球比赛也可以得到精神上的享受，篮球比赛十分激烈，扣人心弦，加上运动员高超的技术表演以及球队精妙的战术配合，使篮球运动成为非常有魅力的运动，通过观赏比赛，人们得到了美的享受，得到了极大的满足。篮球运动使人们得到放松，并丰富了人们的文化娱乐生活。

（三）篮球运动的社会价值

1. 篮球运动对社会成员的教育作用

（1）篮球运动对价值观的影响。

篮球运动是一项集体运动项目，对培养学生的组织性、纪律性、集体主义精神和机智灵活的应变能力具有显著的作用。由于绝大多数青少年都具有较强的上进心、好奇心、活泼好动等心理特征，所以大多数青少年都喜欢参加篮球活动。学校组织一些篮球竞赛活动，有助于培养学生的竞争意识和开拓精神。参加篮球运动能激励广大青少年力争上游、奋勇拼搏的竞争精神，也有助于培养他们的责任感、义务感和集体荣誉感。篮球竞赛能给广大学生带来精神上的满足和感情上的愉快，激发他们锻炼身体的愿望。篮球运动的教育价值体现在篮球运动能够增强集体意识，强调人与人之间的相互配合、相互信任、相互协作；篮球运动能够培养运动者良好的行为规范和良好的组织能力；篮球运动能提高人的智能和体能；篮球运动有助于自我改进和自我发展，激励高职学生不断战胜自我，接受新的挑战；篮球运动可以促进人格的培养和个性的完善，形成良好的人生价值观。

（2）篮球运动对竞争能力和合作意识的培养。

在篮球运动中充满着竞争与合作，只有在运动中学会竞争与合作，发扬团队协作精神，才可能在比赛中取得最后的胜利。篮球运动是集体项目，比赛中贯穿着集体的协同配合。篮球运动中的传切、掩护、突分和策应配合，综合多变的防守战术体系，都要靠全队的密切合作、协同配合才能完成。通过篮球运动，会让运动者明白，必须抛弃狭隘的内耗意识，把眼光投向更大的环境，真正懂得合作与竞争是团队获得健康发展的必要条件。

（3）篮球运动对创新意识和创新能力的培养。

篮球技、战术的不断变化就是不断创新的过程。篮球运动员在比赛中的技术运用，必须随着比赛的变化而变化，要果断、快速地做出应答，通过观察进行分析判断，做出行之有效的组合动作。从运动结构看，篮球技术中有些动作是相对固定的，但在实际运用中，整个技术动作又表现出很多不固定的动作成分。在相同的条件下，队员做出的动作组合往往是不同的，这就需要篮球运动员随机应变，在比赛中创造出新的、巧妙的动作及配合。因此，篮球运动有利于培养运动者良好的思维能力、应变能力和创新精神。同时，篮球运动既是一个高度协同的全面抗衡，又是个人斗智的竞技较量，队员们可以在球场上依据自身的特点尽显个人的技术和才智。从这个意义上说，篮球运动有助于培养学生的竞争意识和开拓精神。这些优秀品质不仅表现在球场上，而且也会迁移到日常的工作和生活中，有利于培养敢于尝试、不断创新的精神。

2. 篮球运动对社会规范的作用

篮球运动有一定的规则，参与者必须在规则的规定下进行运动。规则对篮球运动是十分必要的，攻击性是人性的一大特点，篮球运动也是一项对抗激烈的运动，如果没有规则的制约，可以想象篮球运动中定会出现一些粗野的动作和不礼貌、不道德的行为。规则的出现，是对参与者行为的控制，它保证了双方在公平合理的条件下进行对抗，限制了不合理行为的出现。通过篮球运动，人们在规则下运动，这对参与者有着个人行为规范化的教育功能，使参与者获得对现代社会生活方式的规范与演练，使人们健康文明的社会行为习惯得到培养。在篮球运动中，个体行为要符合规则，要自觉养成遵守规则的行为习惯。个体的行为要体现敬业精神，表现出踏踏实实、全力以赴的精神风范，取得社会规范的认同；要学会控制侵入犯规行为。在比赛激烈对抗的情况下，发生身体碰撞是在所难免的，但参与者的动作要合理，其目的应是力争获得球或有利的位置，绝不能故意害人伤人。在篮球比赛中，对于一些常常因情绪过激而发生暴力行为，都有着严厉的惩罚措施，同时还会受到社会规范、社会公德的谴责，严重的还要受到法律的制裁。这种惩罚措施对篮球运动参与者有着一定的震慑作用，使参与者们按照篮球运动的规则进行运动，从而有利于社会规范的形成。

3. 篮球运动对经济的作用

篮球运动是体育的重要组成部分，体育产业的发展离不开篮球运动的发展。体育产业兴起，而作为其重要内容的篮球运动，由于普及广、发展快、影响力大，具有极大的发展潜力。尤其是近些年来，篮球运动的职业化，商业化进程加快，篮球运动对体育产业的贡献与日俱增，随着篮球运动的进一步发展，篮球运动的巨大经济价值将得到进一步体现。

4. 篮球运动对社会交往的作用

篮球运动是一项团体运动，自然涉及人与人的交往，通过篮球比赛，还会涉及球队与球队之间的交往，甚至是国家与国家之间的交往，篮球运动可以促进社会交往的进行。由于篮球运动在世界范围内开展，已成为社会交往的重要手段。人与人、团体与团体、国家与国家，通过篮球运动，建立起了理解、信任、团结和友谊的关系。对于国家与国家来说，人种不同、肤色不同、语言也不同，为相互之间的交流增加了障碍，但篮球可以成为各个国家之间共同的"语言"，通过亲身体验或者观看篮球比赛，人们对篮球运动的理解是一致的，人们在共同的参与中得到欢乐、愉悦和满足，相识并了解，从而产生了共同语言，建立起了良好的关系。

5. 篮球运动对终身体育的作用

篮球运动对终身体育有着重要的作用。篮球运动深受人们喜爱，因为通过篮球，人们可以获得身心的发展。随着社会的发展和生活节奏的加快，人们面临着巨大的压力，各种文明病对人们产生了威胁，体育运动成为人们缓解压力、保持健康的最有效方式之一。尤其是篮球运动，对场地器材的要求较低，其消费水平较适合广大消费人群，很容易普及。于是人们纷纷亲自参与到篮球运动中来，体验运动的乐趣。人们在篮球运动中的奔跑跳跃、抛掷运投、攻防抢打，使身体得到了锻炼，使身心得到了愉悦。篮球运动，给人们带来了极大的好处。运动要想取得理想的效果，必须持之以恒。终身体育的理念就是主张体育锻炼要持之以恒，目前，终身体育的理念已经深入人心。篮球作为全民健身的项目之一，深受广大群众的喜爱，它不仅内容丰富，锻炼价值高，而且对增强体质，提高人体的各项机能都有积极作用。它既是一种保健性项目，又是人们进行积极休息的一种良好手段，同时对提高人的身体素质和人体机能产生特殊的影响。篮球运动是一项全民健身终身体育的项目，由于它的开展比较容易，必将对终身体育的发展有着积极的促进作用。

第三节　中国篮球运动发展的历史轨迹

一、传入与传播时期

篮球传入中国的初期，主要在天津、上海及北京等有限的城市青年会组织和某些中等以上学校少数学生中开展。如当时天津市的南开学校、高等工业学校、省立一中等，北京市的清华学校、汇文学校、协和书院等，上海市的圣约翰、南洋、沪江等大学，南京市的金陵、东南等大学，苏州市的东吴大学等。

1910年旧中国举行的第一届全运会上男子篮球被列为表演项目，1914年的第二届全运会上男子篮球被列为正式竞赛项目，1924年第三届全运会上女子篮球被列为正式竞赛项目。此后，篮球运动逐渐在社会上活跃起来，华北、华东、华中等地区性的运动会都把篮球列为正式比赛项目。男子参加了10次远东运动会篮球比赛，在1921年的第5届远东运动会上获得过一次冠军。另外，1936年曾派队参加了第11届奥运会篮球赛，虽未能进入决赛，但对推动我国篮球运动的发展起到了重大作用。在1936年第11届奥运会期间中国加入了国际业余篮球联合会，篮球运动被更多人关注，社会篮球竞赛较过去更加活跃了。

抗战时期，在"孤岛"上海，篮球活动较为频繁，"回力""大公""华联"等球队，具有一定的技术水平。

旧中国共举办了7届全国运动会，每一届都有篮球表演和比赛，比赛规模越来越大，水平也在不断提高。如1948年在上海举办的第7届全国运动会篮球比赛，有33支男队和16支女队参加，组织和竞赛表现了较高水平。1948年组队参加在伦敦举办的第14届奥运会男子篮球比赛，在23支参赛队中获第18名。

进入20世纪30年代后，在革命根据地，在陕甘宁边区，在晋察冀解放区，篮球活动和各种篮球竞赛都十分活跃。贺龙亲自组建的"战斗篮球队"，以及抗日军政大学三分校以东北干部为主组成的"东干篮球队"特别引人注目。他们共同的特点是宗旨明确、纪律严明、斗志顽强、技术朴实、打法泼辣、体能良好，充分反映出中国共产党领导下的革命军人优良道德品质和战斗风格,给根据地军民留下了深刻的印象,不仅有力地推动了篮球运动在这些地区的普及和提高,而且形成了我国军队篮球队的优良传统。我国"八一"男子篮球队长期保持国内榜首地位,与继承该传统密切相关。"战斗篮球队"和"东干篮球队"不少成员成为新中国体育事业的开拓者、领导者,为新中国体育事业及篮球运动的发展做出了积极贡献。

1945年抗日战争胜利后,篮球运动开始活跃起来,特别是社会篮球竞赛活动较为频繁,天津、北京、上海以及东北地区涌现出不少新球队,给1949年新中国成立后我国体育事业的蓬勃发展和群众性篮球运动的大普及、运动技术的大提高奠定了一定的基础。

二、普及与提高时期

新中国成立前夕的1949年8月,由京、津两地大学生组队参加在匈牙利举行的第10届世界大学生运动会篮球比赛,获第6名。中华人民共和国的成立,使中国篮球运动获得了新生。1949年10月,北京市举办了第一届体育大会,当时主管全国体育工作的共青团中央邀请上海市男篮冠军华联篮球队访问北京,体现了新中国对篮球运动的高度重视。我国篮球运动进入了空前的普及、发展和提高时期。

1950年12月24日—1951年2月4日,世界强队苏联男子篮球队依次访问了我国北京、天津、南京、上海、广州、武汉、沈阳、哈尔滨等8个城市,共进行了33场比赛,苏联队都以大比分获胜。

1952年7月15日—8月30日,波兰国家男女篮球队应邀访问我国,在北京、天津、上海、沈阳等地进行了13场比赛,客队亦获全胜。

苏联国家男子篮球队和波兰国家男女篮球队的访问比赛充分暴露了我国篮球竞技水平的落后状况。为了改变中国篮球运动的落后状态,我国体育主管部门积极采取措施,组建专门队伍,更新观点,学习先进经验、先进打法,并积极参加国际比赛,短期内成效显著,战胜了不少欧洲的强队,一批优秀运动员的技艺表演给人留下了深刻印象。不久,各大地区、各省市都组建了长年篮球集训队,篮球运动跨入了新的发展时期。

　　1955年举行全国篮球联赛以后，有了相对固定的分等级的竞赛制度。随着普及与发展的需要，1956年至1957年间又实行了篮球等级升降级联赛制度和教练员、裁判员等级制度。

　　群众性篮球活动蓬勃发展，篮球成为广大青少年、战士、职工最喜爱的运动项目之一，群众自发建立的业余篮球队遍布各地。据1954年统计，北京、上海、天津等30个城市组织职工篮球队12 874个，山东省有篮球队5 241个。据1956年统计，全国27个省、自治区修建篮球场16 549块，为群众篮球活动的开展创造了条件。

　　自1952年起国家陆续建立了上海、北京、武汉、西安、沈阳、成都体育学院，在综合性大学和师范大学建立了体育系、科，为中国篮球运动的发展打下了雄厚的人才基础。1957年，教育部委托上海体育学院举办篮球研究生班，聘请苏联篮球专家拉古纳维丘斯来华授课，开创了中国篮球研究生教育的先河。

　　1956年和1957年，全国篮球指导员训练班在北京举行，聘请苏联篮球专家波·莫·切特林进行讲学。参加学习的主要是我国各优秀队的教练员和体育院系篮球教师共133人。

　　波·莫·切特林是苏联功勋运动员，也是著名的篮球教练员。他在讲学中系统地讲解了篮球技战术的教学和训练内容与方法，以及计划考核、临场指挥等内容，当时他还详细地讲解了苏联篮球运动员身体训练的方法与手段。讲学方式采取理论教学、技术课典型示范的办法，使参加学习者系统、全面地掌握了篮球运动的理论与实践内容及教学与训练方法，从而奠定了中国现代篮球运动在相当时间内的理论基础，影响着优秀运动队的训练和院系篮球教学工作。

　　切特林在华期间，曾经训练我国家队达一年之久。他勤恳、认真负责的工作作风，给中国篮球教练员、运动员留下了难忘的印象。专家以对现代篮球运动深刻的理解、选用的科学训练方法，给中国篮球教练员做出了榜样。

　　由于重视现代篮球运动的理论学习与研究，各级篮球队的训练及管理工作走上了计划的轨道，中国篮球运动在1957年有了迅速提高的好形势。其表现是，中国篮球队开始战胜一些世界强队，如南斯拉夫、巴西和意大利等队。1958年以后，中国篮球运动水平日新月异全面提高，逐步形成了自己的独特风格。

1957年8月，巴黎大学生运动会和国际学生文化联欢节在法国巴黎举行，国家体委和团中央决定由上海组队前往。共有13个国家的篮球队参加这次比赛，包括巴西、保加利亚、中国、法国、德意志民主共和国、德意志联邦共和国、匈牙利、意大利、波兰等。中国篮球队在比赛中较好地发挥了快、灵、准的特点，先后战胜德意志联邦共和国队（67:52），巴西队（73:68），德意志民主共和国队（60:50），意大利队（67:52），获得第5名的成绩。

1957年，与来访的南斯拉夫男、女篮球队共进行了9场比赛，都是5胜4负。苏联俄罗斯男、女篮球队访华，在男、女各8场的比赛中，我男队5胜2平1负、女队6胜1平1负。在这些比赛中，我国篮球运动员充分发挥了突切、抢断、中距离跳投的特长，在快攻、紧逼盯人等战术运用中，鲜明地表现出"积极、主动、快速、灵活、准确"的独特风格。通过比赛可以看出，中国篮球队的水平已有了很大的提高，运动技术有了长足的进步。

1957年以后，中国篮球出现的好形势，是多种因素促成的，其中运动竞赛与等级制度的颁布与实施起了很大作用。全国篮球划分为甲、乙、丙三级队的比赛办法，以及建立的运动员、裁判员等级制度，使各级球队能够有计划地安排冬、夏集训，增强竞争能力。这些都是提高中国篮球运动水平必不可少的有力措施。

1956、1957年两次全国篮球联赛过后，国家体委对篮球训练工作提出了要求：为发挥我国篮球运动员特点，全国各级篮球队要加强中、远距离投篮（特别是近距离跳投）的训练、中锋队员的身体与技术训练等，要进一步树立和发展中国篮球运动"积极、主动、快速、灵活、准确"的独特风格。

1958年国家男、女队和"八一"队在访问阿联酋、瑞士、法国、苏联等国家的比赛中，取得胜32场、平3场、负6场的好成绩。1959年国家女子篮球队访问保加利亚，与欧洲女篮亚军保加利亚队比赛，两次打成平局。国家女篮和四川女篮分别战胜来访的欧洲劲旅苏联国家青年队。在这一年里，我国男子篮球队也分别战胜当时具有欧洲一流水平的匈牙利队、获得第17届奥运会第5名的捷克斯洛伐克队、获得世界锦标赛第4名的保加利亚队，以及实力很强的苏联国家青年队。

但是，这一时期也暴露出一些问题，主要是训练工作有机械模仿外国、结合自己实践不够等问题。最突出的是对中锋队员和高大运动员的训练仿照东欧中锋的模式，因而使原有的特点得不到发挥，甚至削弱。其次是缺乏国际比赛经验，对比赛过程中带有规律性问题驾驭和适应性差。还有，当时中国篮球队接触到的主要是苏联和东欧一些国家，对全世界篮球运动的整体全貌尚缺乏了解，更没有机会同更多的国家球队进行对抗与较量。但是，中国现代篮球的进步是飞速的、为世人所瞩目的，中国篮球可以和东欧一些强队分庭抗礼了。

1959年，我国篮球界提出了"以投为纲"，发扬快、准、灵的风格和以我为主、以攻为主、以快为主、以小打大、积极防守的战术指导思想。此后又在总结我国篮球运动发展历程和世界篮球运动的现状基础上，从中国运动员的实际出发，召开多次篮球训练工作会议，确立了"积极主动""勇猛顽强""快速灵活""全面准确"的训练指导思想。从此，我国篮球运动的思想建设、队伍建设、理论建设、科学研究有了明确的发展方向。1959年出现了新中国篮球运动史上的第一个高峰。

随着篮球运动国际交往逐步增多，运动技术水平不断提高，我国篮球运动有了"快攻""跳投""紧逼防守"三大制胜法宝，逐步形成了"快速、灵活、准确"的独特风格。至1966年"文化大革命"前夕，我国篮球运动已接近世界先进水平，战胜了不少欧洲强队，后因10年"文革"影响而停滞，与国际强队拉大了距离，与世界篮球发展趋势脱轨并转入低谷。

三、停滞时期

1966年开始的"文化大革命"，导致我国运动训练包括篮球训练的全面停止，直到1972年五项球类运动会才开始逐步恢复。1975年中国篮球协会恢复了在亚洲业余篮球联合会中的合法席位，1976年，国际业余篮球联合会通过决议，恢复中国篮球协会在该会中的合法席位，中国篮球的国际交往逐步恢复。

"文化大革命"中，大、中、小学"停课闹革命"，为体育活动释放了时间和空间，学校的篮球活动曾兴盛一时，知识青年上山下乡在某种程度上推动了农村篮球活动的开展。

四、恢复与辉煌时期

"文化大革命"结束，体育战线全面拨乱反正，我国篮球运动确立了赶上国际水平的新目标，在总结经验、走自己的发展道路、努力研究国际篮球运动发展趋势，并重视在继承传统风格打法的基础上，倡导积极创新，重新强调"积极主动、勇猛顽强、快速灵活、全面准确"的训练指导思想和贯彻"三从一大"的科学训练原则，篮球训练得到了迅速恢复与发展。我国男女篮球队开始重新活跃在国际篮坛上。

1978年，中国共产党十一届三中全会开启了中国改革开放的新时期。自此我国篮球界严格训练，严格管理，加强对外交流，学校和群众篮球运动继续蓬勃发展，青少年篮球训练网络建立并得到巩固，篮球运动进入最佳发展时期，在亚洲篮球锦标赛、亚洲运动会篮球比赛、世界篮球锦标赛和奥运会篮球比赛中不断获得优异成绩。

1981年12月—1982年1月，国家体委在杭州召开全国篮球教练员工作会议，确立了"国内练兵，一致对外"的方针，确立了科学化训练的指导思想，为我国篮球运动攀登世界篮球运动高峰奠定了基础。

1985年在沈阳召开的全国篮球训练工作会议上提出了坚持"以小打大"，"快速、灵活、全面、准确"的训练指导思想。男篮形成的技战术风格基本上和训练指导思想的要求一致，也和我国传统的风格接近。1987年提出的"以防守为主"的训练指导思想，是希望将训练的重点放在防守上。通过加强防守训练来促进攻守技战术的全面发展，这符合世界竞技篮球运动更加注重防守的趋势，对解决我国篮球运动中长期存在的重攻轻守问题极为有利。

中国女篮在1983年第9届世界女子篮球锦标赛上和1984年第23届奥运会上均获得了第3名；在1992年第25届奥运会上获得亚军；1993年世界大学生运动会上获冠军；1994年第12届世界锦标赛上获亚军。中国女篮进入了世界强队行列，先后涌现出宋晓波、柳青、邱晨、郑海霞、丛学娣等在国际上具有较高声誉的著名运动员。

中国男篮在连居亚洲榜首的基础上，于1994年第12届世界男子篮球锦标赛上获第8名，第一次进入世界前八名，表明我国篮球运动竞技水平正向世界最高水平冲击，跨入了百年发展的黄金时期，这也可以说是我国篮球运动史上的第二个高峰。

五、创新时期

随着我国社会主义市场经济的逐步建立，体育改革进一步深化，我国篮球运动更新观念、转变思想，大胆改革创新。一方面进一步抓好篮球运动的全面普及与全民健身活动的结合；另一方面针对我国男、女篮先后在竞技水平上处于滑坡状态，狠抓竞技水平的提高，改革管理体制和竞赛制度，依靠社会办队，着手进行了大胆的实践。如引进外资与外援，举行职业化主客场制联赛，有力促进了我国篮球运动的发展与提高，加快了与国际篮球运动的接轨。

篮球界坚持"积极稳妥、健康有序"的改革方针，抓住了外商注资的机遇，与国际管理集团等外资合作，在1996年举办了由前卫体协、吉林、北京体师、上海交大等8个省市、部队、学校组队参加的男子"职业"篮球联赛（当时称CNBA职业联赛），这是我国职业化联赛的开端，也是一次大胆的改革尝试。

1995年，中国篮协决定进一步对竞赛制度进行改革，以产业化、职业化为导向，并以全国男篮甲级联赛赛制改革为突破口，开始加速篮球竞赛体制改革的进程，1996年推出了CBA联赛。

1997年11月，国家体委成立了篮球运动管理中心，在管理体制改革上迈出了重要的一步。通过16年的改革实践，市场经济和体育产业化使我国篮球运动发生了深刻变化，带来了新的生机和活力，不仅初步摆脱了困境，而且展现出更为广阔的发展前景。CBA联赛的成功进行，吸引了众多篮球爱好者和社会的关注，老将新秀的出色表现有效地扩大了篮球的影响，王治郅、姚明、巴特尔、孙悦、易建联进军美国NBA，进一步扩大了中国篮球的影响力。而巨大的市场潜力也吸引了众多国内外企业介入，为他们提供了有利的商机，同时也迈出了篮球职业化、产业化的新步伐。

1996—2012年，中国女子篮球队参加了13～16届世界女子篮球锦标赛，在第

14届（2002年）取得了第6名，参加了第26～30届奥运会篮球比赛，在第29届（2008年）取得了第4名，在第30届（2012年）奥运会上成绩不佳。中国男篮参加了13～16届世界男子篮球锦标赛，没有进入前8名，参加了第26～30届奥运会篮球比赛，获得了三个第8名（第26、28、29届），在第30届（伦敦）奥运会上一场未赢，名列最后。

毋庸讳言，由于社会主义市场经济体制的逐步建立，体育管理体制改革迟迟不能到位，青少年篮球训练网络遭到重创，篮球后备人才的培养成为一个亟待解决的问题。当然，这一问题在我国竞技体育其他项目中也同样存在，这些问题必须在体育管理体制层面上进行改革才能从根本上解决问题。

1998年中国大学生篮球协会在恒华集团的赞助下，组织了CUBA全国大学生篮球联赛，掀起了中国高校篮球运动的新高潮。15年来，它活跃了高等学校校园文化生活，也带动了中学篮球活动的开展，在学生中普及篮球运动起到了积极的推动作用。CUBA还为CBA输送了部分优秀运动员，CUBA成为体教结合、体育体制改革探索的成功范例。

第四节　现代篮球运动的发展趋势

进入21世纪，随着社会和时代的发展，篮球运动处在了新的发展环境之中，在新的环境中，篮球运动的发展呈现出了一定的发展趋势。

一、篮球运动进一步普及

篮球运动的一大发展趋势是大众篮球运动在全球进一步普及，篮球的竞技比赛文化氛围全面提高。前面已经提到过，篮球运动具有很多的特点和价值，这使篮球运动充满了活力。因此，大众篮球运动成为全球性社会文化和全民性健身强体、修德养心的工具和手段，它在全球范围内进一步普及，而且篮球运动中的文化色彩的氛围不断深化，已成为社会生活的重要组成部分。尤其是对于发展中国家来说，篮球运动的开展日益广泛，各界人士对篮球运动的支持促进了篮球运动的发展。

二、学校篮球运动蓬勃发展

篮球运动进入校园是篮球运动发展的趋势之一。在学校中，篮球运动的健身、教育功能日益显著，活动的形式也丰富多样。学校篮球运动的健身、教育功能显著，活动形式丰富多样。各级的教育行政部门和学校领导对篮球运动的增智、健身、教育、宣传、社交功能有了深刻的认识。在他们的重视下，篮球运动在学校中蓬勃发展起来，日益成为活跃校园文化生活、增强师生体质、提高健身水平、陶冶情操、锻炼意志、修养品行、培养团队精神、增强使命感和荣誉意识的特殊教育形式。各种形式的篮球俱乐部在学校建立起来，成为学校的基本社团。通过学校篮球运动的发展，未来优秀的运动苗子会得到启蒙，从而为我国篮球运动的发展打下了一定的基础。

三、篮球运动与高科技相结合

时代在发展，社会在不断进步，高科技也得到了前所未有的发展，篮球运动发展的另一趋势就是篮球运动与高科技相结合。现代先进的科学技术渗透到篮球运动之中，不仅对篮球运动的理论产生影响，使传统的篮球观念、篮球理论等有了新的发展，还对篮球运动的实践产生了重要影响，使篮球运动的训练手段多样化。篮球运动与高科技的结合，使篮球观念发生了转变，使新的理论观点层出不穷，新的技术、战术不断产生，新的竞赛制度不断完善，新的规则再充实、再发展，从而形成从篮球理论到篮球实践内容的新结构、新体系。篮球竞技在创新发展中更具有个性化、集约化、技艺化、科技化、商业化，明显地反映出竞技篮球当代化的科技氛围。

四、篮球运动的商业性、观赏性加强

在新的时代背景下，篮球运动继续在全球拓展，篮球运动的商业化气息不断加强，观赏性也在不断加强。篮球运动具有较高的经济价值，主要体现在篮球运动的职业化进程中。职业性的篮球俱乐部纷纷成立，篮球运动的商业化行为也不断完善，篮球运动逐渐形成一种产业。篮球运动的规则不断完善，篮球运动的技术、战术不断发展，加上高科技的渗透，篮球运动的观赏性得到了前所未有的提高，观众在观看比赛时可以得到视觉和精神上的超级享受，满足了人们观赏比赛的需要。

五、世界篮球运动形成了新格局

篮球运动普及非常广泛，各国也对本国篮球水平的发展非常重视。各国根据本国实际，结合本国运动员特点，并借鉴高水平国家的经验，对本国的篮球运动进行了发展，促进了世界篮球水平整体的提高。由于各国的国情不同，篮球运动的基础也不同，各国篮球运动水平的提高也不同，进入新的时代，世界上篮球运动形成了新的格局。总体上来说，美国领先的地位不可撼动，欧、美地区一些国家在一个时期内仍将处于先进水平，但各国实力将接近，排名将反复出现更迭。在亚洲、澳洲和非洲地区某些国家将向先进强国冲击。各国之间的差距在逐步缩小，这使得国际的篮球比赛越来越激烈，悬念也越来越大。

第四章　篮球运动技术与校园篮球开展

第一节　基本篮球技术

一、运球技术的培养与训练

运球是指持球队员在原地或移动中，用手连续按拍使球借助地面反弹起来的动作。运球是篮球比赛中个人进攻的重要技术，是控制球、支配球、组织战术配合及突破防守的重要手段。比赛中，经常利用运球技术调整进攻位置，吸引对方，突破防守，扰乱对方防守阵营，为本队创造最佳进攻机会。运球技术的关键是手对球的控制支配能力，脚步移动的熟练程度以及手、脚、身体三者的紧密配合。

（一）运球技术要领

1. 高运球

两腿微屈，上体稍前倾，目平视，以肘关节为轴，前臂自然伸屈，用手腕、手指柔和而有力地按拍球的后上方。球的落点控制在运球手臂的同侧、脚的外侧前方，球的反弹高度在腰胸之间（图4-1）。

图　4-1

2. 低运球

两腿迅速弯曲，重心下降，上体前倾，球的落点在体侧，用上体和腿保护球；用手腕和手指短促地按拍球的后上方，使球控制在膝关节的高度，两腿用力后蹬，快速前进。拍球的部位在球的后上方或后侧方（图4-2）。

图　4-2

3. 运球急停急起

在快速运球中采用两步急停，使重心降低，手按拍球的前上方，使球停止运行；急起时，两脚用力后蹬，上体急剧前倾，迅速启动，同时按拍球的后上方，人、球同步快速前进（图4-3）。

图　4-3

4. 转身运球

当对手右路堵截时，迅速上左脚，微屈膝，重心移至左脚，并以左脚前脚掌为轴做后转身，右手将球拉至身体的后侧方，并按拍球落在身体的外侧方，然后换左手运球，加速超越防守（图4-4）。

图　4-4

5．背后运球

当右手运球从背后换左手时，右脚前跨，右手将球拉到右侧身后，迅速转腕按拍球的右后方，使球从背后反弹至左侧前方，左脚同时向左前方跨步，换左手运球（图4-5）。

图　4-5

6．行进间运球

（1）行进间体前变向不换手运球。

以右手运球为例。当体前变向时，将球从身体右侧拍向体前中间的位置，再将球迅速拨回右侧，按拍球的后上方，左脚向右侧前方跨出，上体右转，侧肩挡住对手，从防守的左侧突破，继续运球前进。

（2）行进间体前变向换手运球。

以右手运球为例。从对手右侧突破时，先向防守左侧做变向运球假动作。当对手向左侧移动堵截运球时，运球队员突然按拍球的右后上方，使球经自己体前右侧反弹至左侧前方，同时右脚向左前方跨出，上体向左转，侧肩挡住对手，换左手按拍球的后上方，左脚跨出并用力蹬地加速，从对手的右侧突破。

（二）运球技术训练

1. 原地运球训练

（1）原地高、低运球练习。左右手交替进行原地体前左右手变向运球。右手运球按拍球的右上方使球弹向左侧，左手按拍球使球弹向右侧。

（2）原地胯下左、右运球练习。运球者右手持球加力使球从胯下自左反弹，左手迎引球后，再加力使球从胯下向右反弹回，依次两手交替运球。

（3）原地体侧前后推拉运球练习。运球者两腿前后开立，运球手按拍球的后上方使球向前弹出，运球手迅速前移至球的前上方，按拍球使球弹回。

（4）原地背后换手运球练习。运球者左手持球向左挥摆至体侧。然后用手指、手腕加力，使球经身体左侧向后右下方落；体前，使球向右侧上方反弹，右手在背后右侧控制球，加力向左运拍，依次在背后交替换手运球。

2. 行进间运球训练

（1）直线运球练习。分别做直线高、低运球练习。

（2）曲线运球练习。在全场做曲线变向运球。

（3）弧线运球练习。沿罚球圈中圈做弧形运球到对面底线，再沿边线运球返回。

（4）运球急停急起练习。根据信号练习急停急起或变速运球。

（5）领跑运球练习。一名队员不带球在前面时快、时慢，做变向、急停、后转身等动作，另一队员持球在后面跟随做相应的运球动作。

（6）后转身运球或背后换手变向运球练习。按路线到障碍物后做后转身一次或背后运球一次，再换手继续前进。反复练习。

二、持球突破技术能力训练与培养

持球突破是指持球队员运用脚步和运球技术超越对手的一项攻击性技术。持球突破可以打乱对方的防守部署，为本方创造更多的攻击机会，它是持球队员运用脚步动作和运球技术等相结合，快速超越对手的一项攻击性很强的技术，是现代篮球进攻技战术发展的一个重要标志。

（一）持球突破技术要领

1. 原地持球交叉步突破

以右脚做中枢脚从防守队员左侧突破为例。突破时，左脚向左侧前方迈出一小步，把防守队员引向自己左侧的同时，用左脚前掌内侧快速蹬地，向右侧前方跨出一大步，上体稍右转，左肩向前下压，重心向右前方移动，将球推引至右侧，用右手推按球于左脚右侧前方，接着右脚蹬地加速超越对手（图4-6）。注意蹬跨大而有力，转体探肩迅速。

图　4-6

2. 原地持球同侧步突破

以左脚做中枢脚从防守队员左侧突破为例。突破时，上体积极前倾的同时，右脚迅速向右前方跨一大步，同时上体右转，左肩积极下压。左脚内侧用力蹬地，在左脚离地前，用右手推按球于右脚外侧前方，然后左脚迅速跨步抢位，加速运球超越对手。注意起动要突然，跨步、运球要快速连贯，中枢脚离地前球要离开手。

3. 转身突破

（1）前转身突破。

以左脚做中枢脚为例。突破前的准备动作与后转身突破相同。突破时，重心移至左脚，右脚脚前掌内侧蹬地，左脚为轴碾地，右脚随着前转身而向球篮跨步时，上体左转并压左肩。右手向右脚侧前方推按球，离手后左脚蹬地，向前跨出突破对手。注意重心要平稳，转身与突破动作要衔接紧密。

（2）后转身突破。

以左脚做中枢脚为例。背向球篮站立，两脚平行或前后开立，两膝弯曲，身体重心降低，双手持球于腹前。突破时，以左脚为轴后转身，右脚向右侧后方跨步，脚尖指向侧后方，上体后转并压右肩。右手向右脚前方推按球，左脚内侧迅速蹬地，向球篮方向跨出，换左手运球快速突破防守。注意重心要平稳，转身与突破动作要衔接紧密。

4. 行进间突破

在快速移动中，看到同伴传来的球，应快速向来球方向伸臂迎球，同时用一脚（侧向移动时用异侧脚）蹬地，两脚稍离地腾起，向侧方或前方跃出接球，形成与防守队员的位置差，两脚先后或同时落地。落地后，屈膝降重心，保持身体平衡并注意保护好球。同时要求摆脱移动、伸臂迎球和跨跳的衔接要协调连贯；接球急停要稳；突破起动要快速、突然，并保护好球，根据防守位置，运用交叉步或同侧步突破防守。

（二）持球突破技术训练

1. 有防守时的持球突破训练

（1）一对一接球急停突破训练。

如图4-7所示，⑤传球给⑥后移动到●面前接⑥的传球急停，并根据●的防守位置，用交叉步或同侧步突破上篮。投篮看自抢篮板球运回队尾，依次进行。

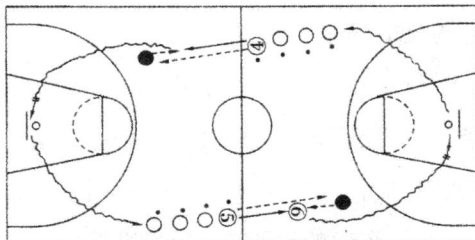

图　4-7

（2）转身突破训练。

如图4-8所示，④持球观察同伴行动，当⑤提至罚球线附近时，④及时传球给⑤，⑤接球后，转身突破上篮，④跟进抢篮板球。④⑤交换位置练习。

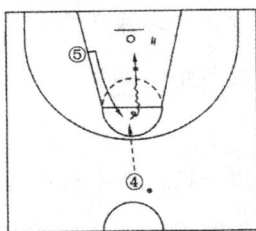

图　4-8

（3）运球中后转身突破上篮训练。

如图4-9所示，后卫队员①接②的传球后欲运球超越防守队员❶，❶积极堵截。①则运用假动作迫使对方侧重于自己左侧防守，这时①突然以右脚为轴做后转身上篮。同样的方法，也可以做左转身突破上篮。

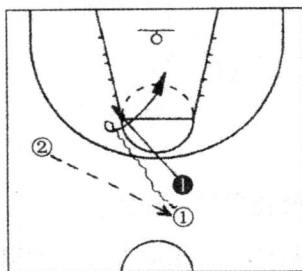

图　4-9

2. 无防守时的持球突破训练

（1）每人一球，做原地持球交叉步和同侧步突破练习。体会突破动作的技术要领以及身体各部位的协调配合。

（2）突破上篮练习。学生成一列纵队，面对球篮，每人一球，按顺序做原地持球交叉步或同侧步突破行进间投篮。抢篮板球后运球回队尾。

（3）接球急停突破练习。两人一组一球。无球队员向有球同伴示意接球方向，然后移动接球急停做交叉步或同侧步突破，轮流进行。

（4）两人一组一球，相距2米面对站立，轮流做同侧步、交叉步突破练习。相互检查中枢脚是否移动，跨步、转体探肩是否正确，推按球是否及时。

三、投篮技术能力训练与培养

投篮是在篮球比赛中，持球队员将球从篮圈上方投进球篮所采用的专门技术动作方法的总称。篮球比赛的胜负是由得分多少所决定的，而投篮是得分的唯一手段。

篮球比赛中，进攻一方运用一切技战术都是为了创造更好的投篮机会，力争投篮得分。防守技战术的动作与发展，则是为了阻挠对方投篮得分。所以在对抗激烈的篮球比赛中，投篮技术是篮球运动不断发展的核心内容。只有全面熟练地掌握投篮技术，不断提高投篮命中率，才能在比赛中获得好成绩。

值得注意的是，因投篮的出手点一般低于篮圈的高度（扣篮及特殊的投篮除外），所以要想将球投进篮圈之中，就必须有正确的持球方法、瞄篮点、全身的协调用力、合理的出手角度和出手速度、规律性的旋转、适宜的飞行弧线和入篮角度。

（一）投篮技术分析

1. 原地双手胸前投篮

两脚左右或前后站立，两腿微屈，前脚掌着地，上体稍向前倾，眼睛注视瞄准点，两手五指自然张开，捏球两侧稍后部位，两拇指相对成八字形，用手指和手掌接触球，手心空出，持球于胸前，屈肘靠近身体。投篮时，两脚蹬地身体伸展，同时两臂向前上方伸出，两拇指向前上方用力推送，手腕稍有外翻，使球从拇指、食指、中指的指尖投出，向后旋转飞行（图4-10）。

图　4-10

2．原地单手肩上投篮

以右手投篮为例。右手五指自然张开，指根以上部位持球于肩上，手腕后屈，左手扶球左侧，右脚在前，左脚在后，脚尖对准投篮方向，右臂屈肘，肩关节放松，上臂与地面平行，前臂与地面垂直。投篮时，两脚用力蹬地，身体向前上方伸展，同时向前上方抬肘伸臂，手腕前屈，手指拨球，通过指端将球投出。球出手后，手臂要随球自然伸直，脚跟提起（图4-11）。

图　4-11

3．行进间投篮

（1）行进间单脚起跳单手低手投篮。

以右手投篮为例。右脚跨出一大步，同时双手接球，用身体保护球，接着左脚迈出一小步制动同时用力起跳，随之充分伸展身体，右臂伸直向篮圈方向举球（手心向上），当举球手接近篮圈时，用向上挑腕和以中间三指为主的拨球动作使球通过指端投入篮筐（图4-12）。

图 4-12

（2）行进间勾手投篮。

以右手投篮为例。接球或停止运球后，左脚向便于投篮的方位跨出一步并起跳，左肩靠近防守队员，右腿顺势自然上提，注视篮圈，左手离球，右手持球向右肩侧上方伸出，举球至头的侧上方时挥前臂，以屈腕、压指动作通过食指、中指将球投入篮筐。

4. 原地起跳肩上投篮

以右手投篮为例。双手持球于胸腹之间，两脚左右（或前后）开立，两膝微屈，身体重心落在两脚之间，上体放松，眼睛注视篮圈。起跳时两膝适当弯曲（两脚前后开立时也可上一步再做此动作），接着前脚掌蹬地发力，向上迅速摆臂举球并起跳，双手举球于肩上或头上，左手扶球左侧。当身体升至最高点或接近最高点时，左手离球，右臂向前上方伸展，同时突然发力屈腕，以食、中指拨球，使球通过指端投出（图4-13）。

图 4-13

5. 运球、接球急停跳投

运球急停或接球急停投篮时，可采用跳步或跨步急停动作方法，停步同时双手随起跳持球上举，当身体接近最高点时，辅助手离球，投篮臂向前上方伸直，手腕前屈，食、中指用力拨球将球投出。

（二）投篮技术训练

1. 原地投篮训练

（1）做不对球篮的投篮练习。

（2）做不同角度的投篮练习，体会瞄准方法。

（3）做正面的定点投篮练习，投篮手法要正确。

（4）徒手做原地投篮动作的模仿练习，体会动作方法。

2. 行进间投篮训练

（1）运球接行进间投篮练习。注意动作连贯，体会跨步和抄球时机。

（2）走步式行进间投篮练习。迈右（左）脚接球，上左（右）脚起跳投篮。

（3）传切上篮练习。要求传球后有变向摆脱动作，动作衔接连贯，注意调整步伐。

（4）徒手慢跑做行进间投篮练习。体会跨步、接球、起跳、举球、出手、落地等动作。

3. 跳起投篮训练

（1）运球急停跳投练习。

（2）不对球篮的跳投练习。

（3）突破后急停跳投练习。

（4）移动接球急停跳投练习。

（5）站在罚球线后，自投自抢篮板球，做正面原地跳投练习。

（6）徒手做原地跳起投篮练习。体会跳投动作，掌握伸臂、屈腕、拨指时机。

第二节 现代篮球防守技术

一、无球队员的防守

（一）防守无球队员技术要领

1. 防接球

防接球时，要注意始终保持对手和球在自己的视线范围内，做到"人球兼顾"，保持良好的防守姿势，屈膝降低重心，随时能够向任何方向起动，要特别注意起动与移动步法的衔接和平衡的控制，在动态中始终保持在对手与球之间偏向对手一侧的断球路线上，同时伸出同侧手臂形成"球—我—他"的钝角三角形的防守选位。

2．防摆脱

进攻队员在后场的摆脱，主要是快下接球攻击，防守队员必须积极追防，并注意传向自己对手的球，抢在近球侧的路线上准备堵截。在篮球比赛时，想要完全控制进攻队员无球时的行动是很困难的，关键是不能失去防守队员有利的位置。如阵地进攻时，对手采取先下后上、先左后右的摆脱，即便是对手接到球，但还可以继续进行防守；内线队员向外移动，可以采取错位防守或利用绕步、攻击步抢前防守，近球一侧手臂干扰其接球，另一手臂则应伸出防其转身、背切等行动，关键在于不让对手抢占有利位置，尽可能封堵接球路线，不让他轻易接到球。

3．防切入

防切入一定要严格遵守"人球兼顾、防人为主"的原则，一旦对手有所行动，则必须采取上步堵截、凶狠顶挤、抢前等防守方法，使其不能及时起动或降低其速度。若对手迎球方向切入，则主动堵前防守，背对球方向则防其后，目的都是切断对手接球路线。对手切入后只要没有获球，其威胁会大大降低。

关于溜底线的切入，有两种跟防方法：一种方法是背向球，面向对手，观其眼神，封阻其接球；另一种方法是用后转身，面向球，背靠防守用手触摸，紧贴其身跟随移动。防反切则以后脚为轴快速向内侧转身，快速堵逼，抢占近球内侧位置，不让对手接球，并准备断球和打球。

4．断球

（1）横断球。

断球时，重心迅速向断球方向移动，以短而快的助跑，单脚或双脚用力蹬地跃出，身体伸展，两臂前伸，用双手或单手将球截获（图4-14）。横断球时要注意屈膝降重心，把握球出手时机要准确，用力蹬地，伸展两臂迎球。

图 4-14

（2）纵断球。

当防守者要从对手左侧绕前断球时，右腿先向前跨第一步，然后侧身跨左脚绕到对手身前，同时重心前移，左脚（或双脚）用力蹬地向前跃出，身体伸展，两臂前伸，将球截获。纵断球时要注意侧身绕前，跨步要迅速有力，两臂前伸，将球截获。

（3）封堵球。

进攻队员接球时，因防守位置不适于断球，可采用突然在进攻队员身前伸臂，封锁其接球路线，将球打掉。

（二）防守无球队员技术训练

（1）防投切选位练习。两人一组，进攻队员原地只做投切结合动作。防守队员快速移动脚步动作，及时调整重心、步法，做好防投防突的选位练习。

（2）两人一组，进攻队员在离篮6米左右，防守队员传球给进攻队员后立即对他进行防守。进攻队员则利用投突结合动作来进攻。练习一定次数或防守成功一定次数后，攻守双方交换。

二、有球队员的防守

（一）防守有球队员技术分析

1. 防传球

当进攻队员接球后，防守队员首先要正确选择位置，保持适当距离和调整好身体重心，眼不离球，根据对手的位置、动作和视线，判断其传球意图，挥动手臂进行干扰封堵，特别要防范对手向内线渗透性的传球，尽可能迫使其做转移性传球。若进攻队员运球成"死球"时，应立即逼近，封其传球出手路线。当对手传球出手后，切忌看球不看人，要防止其摆脱切入。

2. 防运球

在一般情况下，为了不让对手运球超越自己，防守队员应与对手保持一臂左右的距离，两臂侧下张，两腿弯曲，在积极移动中保持正确的防守姿势，准确判断，随时准备抢、打球。如果要使防守具有攻击性，也可以采用贴近对手的平步防守，以扩大防守范围，增加对手做动作的难度。

防守持球队员要根据对手的特点和本队的策略，采用不同的防守方法和策略，如为了达到一定的战术目的，可采用放其一侧，堵中放边的策略，诱使对方向边线运球，然后迫使其停止运球，造成夹击防守。

3. 防突破

防对手持球突破，要根据对手习惯、技术特点（中枢脚、突破方向、假动作等）采取相应的对策。如对手以左脚为中枢脚，用交叉步从防守者的右侧突破时，防守者可稍偏于对手的左侧站立，以右脚在前的斜步（或平步）防守堵其左脚侧，与前脚同侧的手臂前伸指向球的部位，并伺机以小臂和手的短促动作挑打球，另一手侧伸防对手突破；当对手突破时，要及时用撤步、交叉步或滑步继续防守。

4. 防投篮

当对手在离篮6米左右的范围内接到球时，威胁较大，他可以直接投篮。这时，防守者要站在对手与球篮之间，采用斜步防守，同对手保持一臂的距离。防守人要全神贯注，注意对手眼神和重心位置的变换，判断对手的进攻意图，不要被其假动作迷惑。当对手举球准备投篮时，防守人应随之靠近并将前伸的手臂扬起，手掌对准球；当对手投篮刚出手，防守者要及时起跳，伸直手臂用手腕封球，干扰其投篮弧度，并争取"盖帽"。

5．抢球

当进攻队员停止运球、接球或抢到篮板球落地时，防守者趁其保护球不当出其不意地将球抢过来。抢球时动作要快而狠，果断有力，当手指接触球或控制住球的同时，利用拧、拉和身体扭转力量，同时手臂要迅速向腰腹回收，将球抢夺过来。抢球的手法一般是一手在上，一手在下直握。出手要快、动作有力，扭拉要突然。

6．打球

（1）打原地持球队员手中的球。

主要包括自上向下和自下向上两种打球方法。打球时通常采用与球运动的逆向迎击。以便借助反向合力增大击球力量，易于将球击落。例如，当对手持球由胸以上部位向下移位时，宜采用由下往上的方法打球。打球时多用手指、手掌击球，用手指、小臂与手腕的短促快速动作弹击，不可挥大臂上步抢打。手臂出击动作要快，判断要准确（图4-15）。

图 4-15

（2）打运球队员手中的球。

以右手运球为例。当运球队员向前推进时，防守者应在左脚向左滑步抢位堵截的同时，在球从地面弹起的瞬间，突然用左手以短促有力的动作从侧面将球打出，并及时上前抢球（图4-16）。

图　4-16

（3）打行进间投篮队员手中的球。

　　进攻队员运球上篮时，防守者侧身跟随运球队员，当对方起步上篮跨出第二步，把球由体侧移到腰腹部位的瞬间，防守者可用（右）左手自上往下的斜击方法将球打落。为了避免犯规，打球的手臂要迅速从对手身旁撤离，跟随移动快，找准时机，迅速出手，手臂撤离要快（图4-17）。

图　4-17

7. 盖帽

进攻队员投篮或上篮时，当球刚离手的瞬间，防守队员快速跳起把球打落，称为"盖帽"。在现代篮球防守技术中，盖帽技术已成为防投篮最有威胁的手段。在不同情况下可以采用按压式、上挑式、侧击式、封盖式进行拍打球。

盖帽前要根据进攻队员的投篮动作和身高、弹跳等特点，降低重心，迅速移动，选择有利位置，准确判断对手的起跳及出球时机；当对手起跳投篮时，立即跟随起跳，身体和手臂充分伸展，当对手举球到最高点或球刚出手的一刹那，迅速而果断地用手腕、手指的力量向侧或向前点拨球，将球打落。打球动作要小而突然，前臂不要下压，以防造成犯规。判断要准，起跳要及时，盖帽后还要注意收腹来避免犯规（图4-18）。

图　4-18

（二）防守有球队员技术训练

1. 抢球技术训练

（1）抢地滚球练习。队员在端线两侧站二列横队，面相对。教练员在端线中点向场内抛球，左右对应的两个队员快速冲向球，抢到球的队员向对面篮进攻，未抢到球的队员进行防守。

（2）两人一组相距1.5米，面对面站立，一人双手持球于腹前，另一人按抢球的动作要求，突然上步将球抢夺回来。持球队员由正常握球开始，逐渐加大握球力量，使抢球队员体会和掌握拉抢和转抢的动作方法。每人抢若干次后，攻守交换练习。

（3）三人一组，两人相距1米，中间一人持球向两侧摆动，两侧无球队员根据球的部位，及时抢球。然后持球队员逐步改做转身跨步和摆脱护球动作，另两名队员伺机抢球。完成一定次数后，攻守交换。

2．打球技术训练

接球时的打球练习。两人一组，相距1.5米。持球人做出传球动作后。另一队虽囊即上步打球。两人轮流练习。

（1）正面打运球队员的球的练习。在半场或全场一攻一守的练习中，防守队员紧紧跟随运球队员。当球刚从地面弹起时，突然打球，两人轮流攻守练习。

（2）抢篮板球下落时的打球练习。两人一组站在篮下，一人将球抛向篮板。另一人跳起抢篮板球。当得球下落转身时，投球人立刻打球。两人轮流进行练习。

（3）从背后抄打运球队员的球的练习。两人一组，一人持球突破，一人防守。当进攻队员持球突破的一刹那，防守队员利用前转身上步，从运球队员身后，用靠近运球的手由后向前抄打球，然后上步抢球。两人轮流练习打球。

3．盖帽技术训练

两人一组，进攻队员运球上篮，防守队员追防，当他起步投篮时，在球出手的一刹那，防守队员随之在其侧方将球打落。两人轮流练习。

三、抢防守篮板球技术能力训练与培养

任抢篮板球技术中，抢防守篮板球可由守转攻，创造快速反击机会，争取篮球比赛的胜利。

（一）抢防守篮板球技术分析

篮下防守，当进攻队员投篮时，根据对手移动情况和位置，运用上步、撤步和转身等动作把进攻队员挡在身后，并抢占有利位置。在篮下抢位挡人时，一般采用后转身挡人，降低重心，两肘外展，抢占空间面积，保持最有利的起跳姿势。

外围防守队员抢篮板球，当进攻队员投篮、防守队员面向对手时，首先要观察判断对手动机，采用合理动作利用转身阻止对手向篮下移动，并抢占有利的位置。起跳抢球时，在两臂上摆的同时两脚前脚掌用力蹬地，身体和手臂尽力向球的方向伸展，达到最高点时，用单手点拨球的方法抢球。最好在空中将球传给同伴，完成发动快攻第一传；如不可能，则落地时应侧对前场，观察情况，迅速传球发动快攻或运球突破摆脱防守及时将球传给同伴（图4-19）。

图 4-19

（二）抢防守篮板球技术训练

（1）队员连续跳起，在空中用右手托球碰篮板，连续做10～20次。两手交替练习。注意动作的准确性。

（2）抢占有利位置的练习。两人相距1米，对面站立，进攻队员的主要目的是借用假动作设法摆脱防守队员的防守，抢占有利位置，以便于投篮；而防守队员的主要目的则是利用转身设法将攻方挡住，阻止进攻队员投篮或其他进攻行动，并起跳模仿抢篮板球的动作。

抢防守篮板球的技术训练方法有很多，其他训练方法可参照抢进攻篮板球的技术训练方法。

第三节　现代篮球战术解析

一、篮球战术攻防原理

篮球比赛想取得优胜，就要从两方面来考虑：一是加强本队的有效进攻，二是要有效抑制对方的进攻。进攻是得分的手段，没有进攻就没有优胜；防守是有效抑制对方的进攻的手段，没有好的防守，进攻得分比不过失分，也赢不了比赛。而篮球比赛中，进攻和防守并不是随意无目的、无方法原则的，需要战术来指导。因此，篮球攻防战术以及攻防转换的处理，对比赛结果有着重要的影响。

（一）篮球比赛中的进攻

1. 阵地进攻

阵地进攻是按本队既定的进攻战术配合方案，以进攻阵型落位为基础进攻对手以获取得分的进攻方式。阵地进攻要发挥本队特长，制约对方的防守打法，阵型落位非常重要。如对方的阵地防守是"2—3"联防，则进攻队可按"1—3—1"阵型落位；若对方内线队员防守高度和能力差，则进攻队可按"1—2—2"进攻阵型落位。落位的安排可根据防守战术需要和本队特点而定，使之有利于发挥本队进攻的威力。在落位阶段，球一般由外围队员控制。

2. 反攻

反攻是由防转攻的进攻过程，又称为反击。反攻时机有抢获后场篮板球，制造对方失误或犯规掷界外球，抢、断对手的球等。

反攻时，无球队员的行动应当根据战术需要和临场情况的变化而合理地分布。如有的无球队员要选位接应，有的应当积极地选择跑向前场，总之无球队员的行动要围绕球、同伴及对手的变化灵活机动地跑动与调整，一切行动都要有利于反攻。而有球队员在反攻中，第一个行动是先观察前方有无已经跑向前场较好位置的本队队员，有则应及时、快速传球，并应注意选择合理实用的路线，同时精确控制落点，从而完成快攻；没有或者快下队员位置不合理，就应当快速、及时传出第一传，可以传给离自己较近的队员或传给赛前已经安排好的接应队员。如果不传出第一传，那么要向中路运球快速推进，推进中一旦发现机会，应快速传球，使之顺利地进入前场。

（二）篮球比赛中的防守

1. 阵地防守

阵地防守是按本队已定防守战术配合方案占据各自的防守位置，通过落位与调整落位来抑制对方进攻的防守方法。如根据对手进攻的特点可按人盯人或区域联防落位，或者是按事先已安排的对号防守落位。落位的目的在于发挥本队队员的防守特长，控制对手，阻止对方的进攻。

阵地进攻的场上进攻队员有外线和内线、无球及有球等几种情况，所以防守队员应根据对手人、球及球篮三者的关系而及时调整防守位置。注意贯彻"人球兼顾，以球为主"的原则。这样的防守位置比较主动，有利于控制对手的活动。

2. 封堵与退守

篮球比赛中，一旦进攻被遏制，就要防备对手的反击，因而需要进行封堵与退守，保证防守成功。如投篮未进而被对手获得球权转攻为守时，对篮下获得篮板球的队员要封堵第一传，阻止其顺利传球，推迟对方发动快攻是首先要做的。而其他防守无球的队员应采用夹击接应队员或抢占合理位置快速退守。在退守时应以对手、球与球篮距离的变化为依据，进行合理的位置和适当的速度的选择。如果封堵与退守成功，并且抢断球，要立即转入进攻；若封堵不成功，对方运球推进前场，则进入防守落位与调整阶段。

（三）篮球比赛中的攻守转换

篮球比赛中，攻守之间的转换关系着进攻或者防守能否取得优势而创造机会，因而攻守转换是非常重要的，其时机的把握必须得到重视。从神经生理学的角度来分析，进攻时运动员大脑皮层的运动中枢关于进攻的技、战术条件反射无疑是处于兴奋占优势状态，当进攻结束时便会转换成六种起始状态的转换方式；在防守时运动员的条件反射无疑也处于另一方面兴奋、集中占优势状态，而当防守结束时便会换成另6种起始状态的转换方式。依据比赛中反映出的状态，篮球运动攻守转换的类型大致可概括归纳为如下几种。

1．守转攻类型

（1）被动转攻。

指不想在强守阻攻的转换中获得球，而是由于对方出现的失误、违例、进攻犯规或投中等自然转换的一种形式。当前，被动转攻已不多见，在转换后攻击的指导思想上，主要是要求队员坚持快打、追着打，力求在衔接阶段发动迅猛攻击并奏效。

（2）主动转攻。

主动转攻的情况主要有在强守阻攻中抢、打、断掉进攻队员手中的球，或抢到后场篮板球、抢获到跳球时的球，概括来说就是指转攻时条件有利。这时队员情绪振奋，呈现增力态势，能快速形成转攻意识，要迅速分散队形，发动快速反击，趁对方人数处于劣势、位置不相适宜、转守时间紧张的时机，果断攻击，使对方难以布防，达到主动转攻后的攻击效果。

2．攻转守类型

（1）被动转守。

投篮未中或跳球被对方抢得球权而进攻转入防守时，对手会有自己预想的方案和节奏，一旦让对手顺利实施出来，必定会被得分，因而要尽力遏制。转攻为守时，要克服被动的心理因素，加快视觉信号的知觉速度，迅速预测和判断对方进攻意图和进攻方式，并立即转守设防，运用针对性的措施控制对方速度。

攻方传、接、运球失误被对方抢断球直接转入反击时，心理会因攻击行动的失败发生变化，如心理惰性的出现，注意力的不集中，无力与自卑感的产生，容易陷入追悔、自责的情绪中，直接攻转守的速度受到影响，而此时恰是对手反击的良机。在这种情况下的防守难度大，对队员的要求也较高，不仅需要队员具备极好的身体素质（尤其是起动速度），高超的以少防多技术，更重要的是队员必须具备顽强的意志品质、坚忍不拔的战斗作风。在篮球人才培养训练中，要重视解决这种情况的防守，因为其攻转守的结果多为追防，时间要求十分急迫。对于各种情况的被动转守，必须不定期地进行强化训练，培养队员身处逆境而无丝毫气馁的心理和精神，在任何不利条件下都能应付自如，采取决断措施瞬间转守。

（2）主动转守。

主动转守指投篮命中时转守。主动转守在心理准备方面和神经过程的转化方面都处于最佳状态。一方面，队员心理困投中得分而产生积极情绪，所以在迎接即将来临的进攻挑战时会显得信心十足。只要妥善诱导，神经过程此时也易于高度集中和灵活转换。另一方面，此时人数对等、位置相宜，转守时间较充裕，因而攻守态势相对有利。这两方面的条件为攻转守时采用全场攻击性防守提供了有利条件。在防守时，能不能抓住机会，充分利用有利因素，使运动员的积极性得到迅速调动，展开先发制人的攻击性防守，是瞬间转守的关键。这时既有防守方积极紧逼的压力，又有5秒违例的时间限制，往往能迫使对手失误。总之，主动转守要求场上5名队员同步行动，瞬间转守，迅速找人抢位，完成封传、封堵的任务。

二、进攻战术配合

（一）传切配合

传切配合包括一传一切和空切配合。在配合过程中，切入队员的动作要突然，要利用速度和假动作摆脱防守，持球队员则要有攻击性，能够以投篮和突破动作吸引防守队员的注意力，以便能及时、准确地用不同的传球方式，从防守空隙中将球传给切入的同伴。

1．一传一切配合

④传球给⑤后利用速度和假动作摆脱❹的防守，切入篮下接⑤的回传球上篮。⑤接球前，用假动作摆脱防守，接球后做投篮或突破的动作吸引❺的防守，并及时将球传给切入的④上篮（图4-20）。

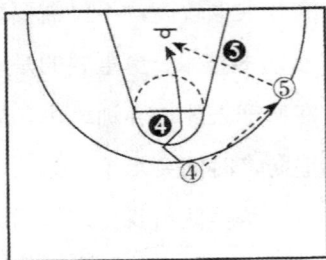 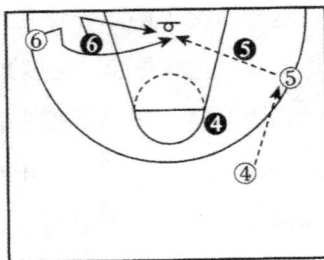

图 4-20   图 4-21

2．空切配合

④传球给上前接球的⑤，⑤接球后以假动作吸引防守❺，此时另一侧⑥做假动作摆脱❻，空切篮下接⑤传球上篮（4-21）。

（二）策应配合

1．策应队员

策应前要注意以假动作摆脱防守抢占有利位置；接球后两脚开立，双膝微屈，双手置球于腹前，背对或侧对球篮，用身体保护球，高大队员也可将球置于头上方或体侧。当同伴获得较好的进攻机会时，要及时传球给同伴，自己也可做虚晃、转身、投篮等假动作吸引防守或伺机进攻，增加策应的变化和威胁。

2．外围配合队

外围配合队员见策应队员插上要球时，应先向反方向做假动作，在策应队员拿到球时，观察球场上情况，做出切入篮下或跑到策应队员面前跳投等进攻动作。配合队员的关键是注意观察、牵制防守、果断行动，队员之间的默契非常重要。

（三）突分配合

1. 突分配合方法

进攻队员持球或运球突破，遇到对方协防时，及时将球传给插入防守空隙地带接应的同伴，这种根据情况及时传球的突破配合叫突分配合。突分配合主要用于对方采用缩小盯人和松动盯人防守战术，而己方外围投篮又不准的情况下使用。

（1）突分配合。

④运球突破❹的防守，❺上移补防，④将球传给插入篮下的⑤，⑤立即投篮，由于己抢占篮下有利位置，如遇❺的回防，应该强攻（图4-22）。

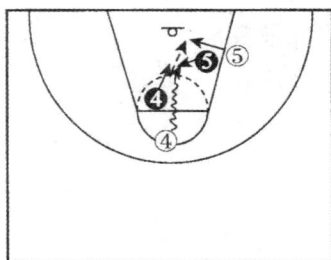

图 4-22

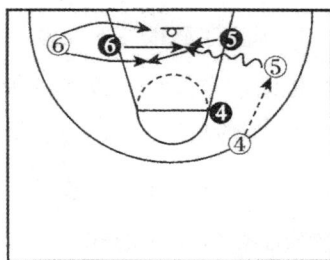

图 4-23

（2）突分配合。

④传球给⑤，⑤突破❺进入篮下，❻予以补防，⑤可将球传给从不同方向插入的⑥，⑥接到⑤的分球后立即投篮，如遇到❻的回防，争取强攻（图4-23）。

2. 突分配合技术要领

突破队员在突破过程中，要随时注意观察攻守队员的位置变化，做好投篮或分球的两种准备，上篮动作必须逼真，才能真正吸引防守，便于分球。其他进攻队员则要在持球同伴突破的一刹那，及时摆脱防守，占据有利位置，以便接球投篮；如遇到一般性的防守，要争取篮下强攻，造成杀伤力。

（四）快攻配合

快攻是由防守转入进攻时以最快的速度、最短的时间，在人数上造成以多打少的优势，或者在人数相等，以及人数少于对方的情况下，趁对方立足未稳，果断地组织攻击的一种快速进攻战术。它的主要特点是：发动突然，推进速度快，对方往往来不及组织防守，所以快攻的命中率一般都比较高。由于快攻加快了比赛的节奏，得分率高，使比赛更加精彩，因此，快攻成功往往可以振奋士气，提高战斗力。

快速是当代篮球运动的一个显著特点，快攻的主要表现是快速。一场比赛中，许多球队快攻的次数占全队进攻次数的1／3左右，快攻得分占全场得分的1／3～1／4。快攻是比赛的锐利武器。

1．发动快攻配合的时机

（1）抢到防守篮板球时发动快攻（这种机会最多）。

（2）抢断球时发动快攻（这种情况成功率最高）。

（3）掷界外球时发动快攻。

（4）跳球获球后发动快攻。

2．快攻配合的组织形式

（1）长传快攻。

长传快攻是防守队员在后场获球后，立即通过一两次传球给迅速超越对手的同伴投篮的一种配合方法。

（2）短传快攻。

短传快攻是防守队员获球后，立即以快速的短传推进和快速跑动投篮的一种配合方法。

（3）运球突破快攻。

这是指由守转攻时，持球队员在不便于传球的情况下，及时向前场快速运球突破，摆脱防守的一种快攻战术。

3．快攻配合形式的发展

快攻配合形式的发展在于增加快攻次数和提高快攻成功率。当前，快攻战术的发展方向是快速跟进、组织二次快攻和加强快攻及衔接阶段的进攻。

（1）跟进二次快攻。

当第一次快攻受阻，球还在④手中，队员⑥及时跟进切向篮下，⑤随后继续跟进，反复跟进的配合，不断创造机会切入篮下（图4-24）。

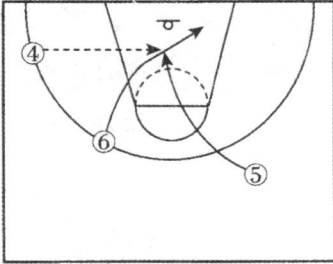

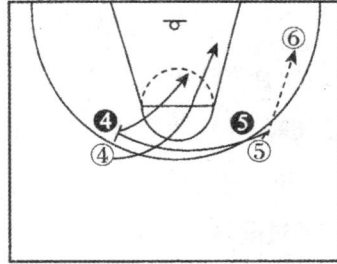

图 4-24 　　　　　　　　　　　　　　　　　图 4-25

（2）快攻与衔接阶段的进攻。

快攻推进到前场未能直接得分时，⑤将球传给⑥，然后去给④做掩护，④切入篮下要球，如未成功，⑤后转身挡住❹后，再插到篮下要球，形成连续掩护（图4-25）。

三、防守战术配合

篮球防守基础配合是防守中两三人之间有目的、有组织的协同行动。它包括挤过、穿过、绕过配合、换防配合和协防（补防、夹击等）配合等。

（一）挤过、穿过和绕过配合

1. 挤过配合

在进攻队员采用掩护配合时，被掩护者的防守队员利用快速、积极的脚步动作，上步挤到两个进行掩护配合的队员之间，继续防守自己的进攻对手。这种防守配合攻击力强，主要用于防对方的得分手，但也容易造成犯规。

挤过配合方法：进攻队员⑤给④做侧掩护，当⑤靠近❹时，❹突然快速向前跨出一步，从进攻队员④和⑤之间挤过；继续防守④，从而破坏对手的掩护配合（图4-26）。

2. 穿过配合

在对方队员运用掩护配合时，也可采用穿过配合来及时防守住自己的对手。

穿过配合最重要的一点是，当两个做掩护配合的进攻队员交叉时，防守掩护者的队员要主动后撤一步，并及时提醒同伴，让同伴能及时从中穿过，继续防住他的对手。

穿过配合方法：进攻队员⑤给④做掩护，❺应紧跟⑤。当⑤接近④时，❺应即时提醒❹，并迅速后撤一步，让❹从❺与⑤之间迅速穿过，继续保持有利的防守位置（图4-27）。

3. 绕过配合

在对方队员运用掩护配合时，还可以采用绕过配合来防守住自己的对手。这是一种比较松散的防守形式，不易造成犯规。当对方做掩护配合时，被掩护者提前后撤一步，从同伴的身后绕过，继续去防守原来的对手。

绕过配合方法：进攻队员⑤给④做掩护，当⑤接近④时，❺应及时提醒❹，❹迅速后撤一大步，从同伴❺的身后绕过，继续保持有利的防守位置（图4-28）。

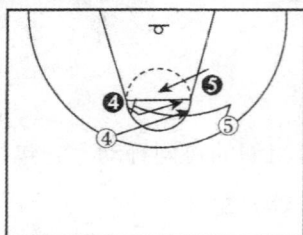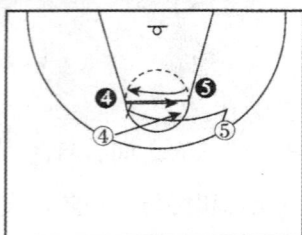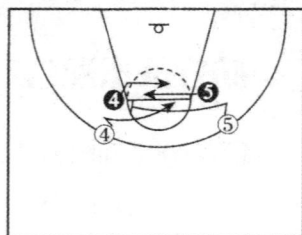

图 4-26　　　　　　　图 4-27　　　　　　　图 4-28

（二）换人防守配合

换防配合通常是指进攻队在组织掩护配合时，防守队的相关队员及时换人配合，破坏掩护配合的防守战术配合。它不仅能及时破坏对方的进攻配合，弥补防守漏洞，而且能在正确判断对方的掩护进攻意图时抢断球。使用换防配合时应注意：在进攻队运用侧掩护横向移动时，可以运用换防配合；当对方运用后掩护纵向移动时，则应尽量少换防或不换防；在防守队员身高相似的情况下可多使用换防，身高相差很大时，最好不要换防。换防配合的关键是两个防守队员的默契，在对方掩护时，防守掩护者的队员要及时通知同伴，并紧跟自己对手，当对方切入时，突然换防。

换防配合的方法：进攻队员⑤给④做侧掩护时，❺跟进，④往篮下切入，❺做变向移动去防守④，❹迅速转身去防守⑤，保持有利的防守位置（图4-29）。

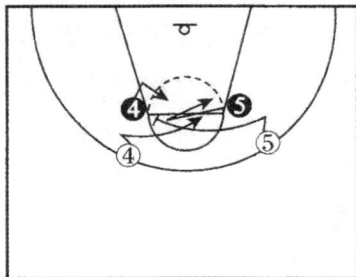

图 4-29

（三）协助防守配合

在防守中，临近的两三个队员要积极协助配合，防住对方主要的得分点，采用补防、夹击、关门等配合方式，变被动为主动，为反击创造条件。当防守队员失去合理的位置，进攻队员持球突破，有直接得分的可能时，邻近的防守队员必须立即放弃自己的对手予以协助防守。

1．补防

补防是指防守队员失去防守位置，进攻队员运球突破或空切到篮下有可能直接得分时，邻近的防守队员立即放弃自己的对手予以补防。

补防时，动作要迅速、果断，其他防守队员也要观察突破队员的分球意图，以便及时抢占有利位置争取断球。

补防配合方法：进攻队员④突破❹的防线运球向篮下进攻，防守队员。迅速上移防守④，同时❺下撤，抢占防守的有利位置（图4-30）。

2．夹击

夹击是指运球队员向边角运球或在边角停球时，邻近的防守队员突然上前封堵传球角度，限制持球队员的正常传球路线和活动范围，并组织断球，造成对方失误或违例的防守配合。

夹击配合方法：当进攻队员⑥向底线附近运球时，❻应跟进控制对手，❺可大胆放弃⑤，待⑥停球时，立即与**❻**夹击⑥，此时**❹**应迅速补**❺**的位置，伺机断球（图4-31）。

夹击防守时要注意：选择合适的夹击区域，如边线、边角，边线和中线的夹角区域；要尽量挥动双臂封堵对方的传球路线，不要因为急于抢球而造成不必要的犯规；其他队员要迅速补位，将强侧进攻队员防住，果断放掉弱侧对手。

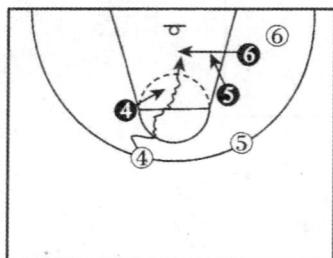 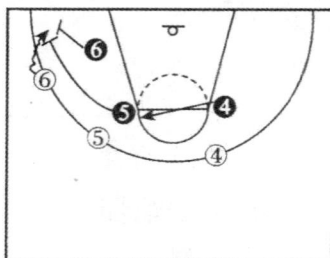

图 4-30   图 4-31

（四）防守快攻配合

1. 防守快攻的基本原则

现代篮球运动不断向着高速度发展，攻守转化速度快，快攻得分所占比重增大。因此，防守快攻已成为防守战术的重要组成部分。近年来，防守快攻战术体系日渐丰富，比较一致的观点是贯彻积极防御的指导思想，敢打敢拼，在比赛中尽量减少对方发动快攻的条件。防守快攻的基本原则是：第一，减少自己的失误，提高进攻的成功率；第二，要积极拼抢前场篮板球；第三，积极组织封堵和退后防守；第四，提高攻守转换的意识和速度，特别要强调"积极追防"意识。

2. 防守快攻战术的基本方法

（1）封堵第一传和阻截接应队员。

有组织地积极封堵快攻第一传和阻截接应队员是防守快攻的关键，它可以有效地延缓对方发动快攻，以便本队能积极组织防守。

封堵第一传和阻截接应队员的方法：⑧抢到后场篮板球转为进攻，**❽**和**❼**离⑧最近，所以积极封堵⑧第一传；如果⑤插上接到⑧的一传，那么临近的**❻**和**❺**根据情况迅速阻截接应队员，或者两人中有一人去阻截⑤，另一人与**❹**迅速回防。

❽和❼在封堵⑧之后也要快速回防（图4-32）。

（2）防长传偷袭快攻。

一般采用退守时卡两边的方法。当对方⑧抢到篮板球时，❽要采取"堵中放边"的方法，防⑧由中间运球突破。如果❼能与❽一起封堵，④插上接应⑧的一传，❹要跟上去阻截④的运球突破，❺和❻应采用卡两边的方法，卡断⑤和⑥的接球路线，以防偷袭（图4-33）。

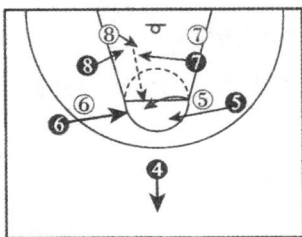

图4-32

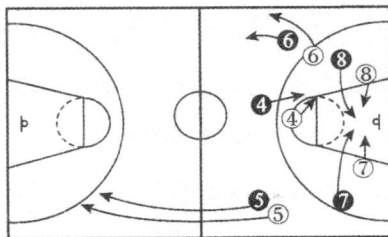

图4-33

（3）以少防多的方法。

① 一防二。

当出现一防二的情况时，防守队员应根据两个进攻队员的位置，准确判断对方的行动意图。可以运用假动作，争取抢断球。要有意识地重点防守技术较好的进攻队员。迫使技术较差的队员控制球，形成一对一的有利防守局面。

② 二防三。

当出现二防三的局面时，防守队员最好采用斜线站位队形，这样便于互相补防。斜线站位兼有横向站位和纵向站位的优点，进攻队员不易从中间突破，而本方两人的移动距离可以缩短。防守时，尽量不让对手在近距离投篮，迫使对方在传球中出错，争取时间，使同伴能迅速退回防守。

第四节　开展校园篮球运动的对策

一、管理部门落实国家政策，通过制度促进校园篮球运动发展

2016年5月6日国务院办公厅印发的《关于强化学校体育促进学生身心健康全面发展的意见》（以下简称《意见》）中指出，要深化教学改革，强化体育课和课

外锻炼。以培养学生兴趣、养成锻炼习惯、掌握运动技能、增强学生体质为主线，建立大中小学体育课程衔接体系。

校园篮球作为校园体育的重要组成，长久的发展过程当中形成了其特有的功能价值观。《意见》中同时要求与规定要完善体育课程，学校体育工作要坚持课堂教学与课外活动相衔接。保证课程时间，提升课堂教学效果，强化课外练习和科学锻炼指导，调动家庭、社区和社会组织的积极性，确保学生每天锻炼一小时，这同时也为长久以来的校园体育得不到有效保障起到关键作用。因此，在一系列的政策落实方面，政府部门要发挥其主导作用，落实制度的保障与实施监督，从而有效促进校园篮球运动的开展。

篮球运动作为国家高度重视的体育运动项目，国家教育部也于2015年与美国职业篮球联盟（NBA）开展一系列相关合作，在合作发展中举办了相关的体育论坛，共同开发设计篮球运动课程，定期对校园的篮球教师及校园优秀篮球运动员进行培训，促进我国校园篮球运动的教育和发展。

因此对于政府管理部门来讲，要建立完善的管理体制，教育部门要在校园篮球的开展中起到主体作用，承担起工作中的责任意识，促进篮球运动在校园中的推广，保证其制度、文件、竞赛体系的贯彻落实，体育部门也要起到相应的协助作用，发挥其部门的技术特长以及相应的资源优势，使其共同推动校园篮球的共同发展。另外在各省、市城市应成立由分管教育和体育工作的政府部门的主管领导、教育部门和体育部门分管体育工作的主要领导所构成的青少年校园篮球领导小组，共同协作发展。

二、加强校园篮球文化的宣传

校园篮球文化的发展是一个长期、全面而又系统的工程。在其校园文化的建设及篮球运动的健康发展中起着重要核心作用。校园篮球文化具体可分为篮球精神文化、篮球制度文化和篮球物质文化。篮球物质文化主要是指高校空间中所有以篮球为载体而存在的各种可见的、有形的物器和活动方式，篮球场馆、器材设施是校园篮球物质文化突出标志。篮球精神文化主要是指篮球运动的价值观、道德观、审美观以及理论体系等。校园篮球的制度文化则是指组织机构、制度、规则、组织形式等。篮球物质文化是篮球制度和精神文化的基础，没有物质文化也就没有精神文化的存在，因此，篮球的物质文化丰富了校园的物质文化和精神文化生活。制度文化是有效约束校园青少年学生的行为规范，因此高校篮球文化促进了校园制度文化层面的有序发展，也促进了校园人的行为规范。篮球精神文化是其核心组成，通过篮球运动可以有效陶冶学生内心品质，强化其意志品质，提高学生的思想情操和审美意识。

但是，校园篮球文化匮乏是目前制约篮球动力发展的重要事实，因此基于目前形势变化，在今后校园篮球文化的工作方面，加强宣传策略是有效的解决方式。首先在篮球物质文化建设方面，一是要完善校园的基础篮球设施，满足青少年个体在运动中的需要，二是学校要建立特色的篮球课程，通过不同篮球特色教学或是训练使学生充分享觉到其乐趣，从而主动进行篮球学习，最终树立良好的篮球参与习惯。在篮球制度文化方面，学校要积极落实相关的篮球政策制度，通过规章制度约束一系列不健康的篮球行为，最终建立正确的篮球舆论导向，使青少年学生积极参与到其中。在篮球精神文化方面，校园一方面要加强校园比赛建设，在积极开展竞赛的同时，又能让学生参与到赛制或是观摩当中，有效激发学生的动力；另一方面则是要加强文化宣传，通过一系列篮球讲座或是篮球活动来使学生有效参与到其中，最终形成学生积极而又健康快乐的篮球发展模式。

三、加强教育系统与体育系统融合

《意见》中明确指出，要注重教体结合，完善训练和竞赛体系。学校应通过组件运动队、代表队、俱乐部和兴趣小组等形式，积极开展课余体育训练，为有体育特长的学生提供成才路径，为国家培养竞技体育后备人才奠定基础。体教系统的融合，简单来讲也可以理解为竞技体育和学校教育机制的结合。

当今篮球人才匮乏萎缩的一个重要原因是篮球运动员自身的文化知识低下，在其退役后就业难，即在篮球运动学习的过程当中"学训问题"较为突出。多数篮球运动员在其学校的培养过程中，教练员更多关注青少年学生的运动技能，在文化知识的学习上要求不高，而学生个体本身自律意识较差，并不重视学习，再加上课余时间的训练，最终导致学习和训练的冲突。

针对这一问题，早在20世纪80年代末，国家体育部门就开始与教育部门合作，出台了系列"体教结合"政策，并开始了卓有成效的实践。但随着时间的不断推移，"体教结合"并未得偿所愿地实现其既定目标，在高校高水平运动队的建设中逐渐暴露出"学训矛盾"。而到了今天，"体教结合"的模式更趋多样化，但学生的体质健康状况却并非明显加强。这便让人们对传统的"体教结合"提出了一定质疑。为迎合体育与教育的不断完善与发展，选择"教体融合"的模式是当今体育发展的又一契机。青少年校园篮球运动的培养过程也是如此。为促进校园篮球的动力发展，促进"教体融合"模式的形式转变，首先要转变传统的思想观念，淡化成绩第一的模式观念。在长期的举国体制下，我国竞技篮球运动得到了有效发展，但校园篮球水平并未得到提高。"教体融合"的发展理念主要是培育青少年，青少年是学生，因此要切实加强学生的体质以及身心健康，而不是过度重视运动成绩和"金牌论"。其次，要选择建立相关的政策导向，约束学生个体的行为。在"教体融合"方面不应只是口号方面的宣传，而是要通过实际的行动来落实到具体工作当中，作为教育工作的管理者，应依据实际情况制定一系列相关的体育工作规则，从而最终建立完善制度进行监督和落实。第三则是要建立同等的教育公平，合理分配体育资源。建立同等的教育公平，要求学校教育工作者为运动员个体制定相关的培养计划，而不是一味地对其和普通学生一样进行文化学习，要根据其运动员本身的实际情况，体现出特殊性。

四、改进篮球器材设备

器材设施一直是体育工作过程中所面临的最为突出的问题，对于篮球运动本身来讲，也并不例外。由于目前我国的经济发展并不均衡，在城乡区域之间篮球器材设备差异过大，因此导致接受的篮球教育训练机制存在较多问题。对于校园篮球运动的发展来讲，开展校园篮球运动的前提便是要有充足的硬件场地资源作为保障。缺少场地器材会直接影响到课堂教学、训练或是减少学生课余时间的活动量，从而导致青少年个体兴趣的缺失。从目前统计来看，篮球场地资源远远不能达到学生活动的目的，尤其是在农村中小学。另外场地器材的问题还存在于篮架本身的高度，目前所有学校的篮球场地，大多数均为标准篮架。这让中小学生进行篮球运动时并不能很好感受到篮球运动的魅力所在，大学数中小学生也会因为力量性、身体形态等问题而不能很好地进行技能练习。

因此篮球运动场地器材的问题上，首先便是要加强社会的关注度，通过政府组织机构以及社会企业的关注度对场地资源进行有效改善，学校也要加强物质资源方面的投入，以保证校园篮球在教学、训练以及学生课余活动中充分利用。另一方面，则是针对篮球场地器材设备的创新问题，学校要积极采取因材施教的政策，在器材方面进行改善，例如可以因地因人采取不同高度大小的篮板，以适应学生个体的教学需要，最终提高中小学生学习篮球的兴趣。

五、建立篮球运动"小学—中学—大学"三级竞赛体系

《关于强化学校体育促进学生身心健康全面发展的意见》中指出，学校要积极开展课余体育训练，为有体育特长的学生提供成才路径，进一步完善竞赛体系，建设常态化的校园体育竞赛机制。篮球运动属于团体项目，在其长久的发展过程中形成了竞争激烈的竞赛模式。

对于我国目前来讲，篮球运动的竞赛体系发展并不完善。CUBA发展至今，"小学—中学—大学"一条龙训练体制已基本建立，许多高校与本省市及外省一些体校或体育重点中学挂钩，从组队、人员编制、训练管理到经费来源都由高校负责解决。但由于高水平竞技体育主要是由各省、市体育局主管，造成有发展前途的运动苗子仍然大多进入了专业队，高校招收到的普遍只是一些二、三流的后备人才，虽然"小学—中学—大学"一条龙训练体制已被大家接纳并付诸实践运行中，但其整体的优势功能没有得到体现和落实，也就无法与高一层次的专业队或职业比赛接轨。而在竞赛体系这一方面来讲，在小学和中学几乎很少形成与外界学校相联系的篮球竞赛发展模式，学生往往到了大学之后才会接触相关的CUBA、CUBS篮球竞赛。因此在篮球长期发展的竞赛体系方面，在健全优秀后备人才的

输送体制同时，更重要的则是要形成全新的"小学—中学—大学"竞赛体系。

完善的竞赛体系模式具体可包含明确的目标、合理的组织机构、健全的规章制度。在篮球事业的发展过程中，明确的目标主要是针对青少年校园篮球发展过程中提出相应的开展宗旨，即普及篮球知识和技能并突出教育特色，实现育人目的。合理的组织机构主要是负责篮球竞赛体系实施的管理、协调、评估等工作。健全的规章制度主要是针对赛制进行相应的完善，针对"小学—中学—大学"三级校园竞赛体系进行管理。可以进行分区竞赛体制，针对全国性的区域进行相应划分，每个区域进行一系列青少年篮球赛事，然后各分区赛决出前几名，再参加全国性的正式比赛。另外也要建立相应的竞赛资格制度和竞赛奖励制度，主要是针对学校运动员进行严格审批，学校对其运动员同时要进行网上注册，制定严格、统一的学生运动员学籍、注册管理制度和公示制度，以防止在竞赛中出现冒名顶替或是弄虚作假的现象发生。最后则是要建立相应的评价制度，对其小学、中学以及大学的竞赛情况进行客观评价。评价结果与学校的年终绩效相结合，使其重视校园篮球的竞赛体系发展。

六、篮球明星进校园活动

"明星效应"是青少年关注篮球运动和发展篮球因素的重要动机，这一点我们从对青少年的访谈和问卷调查中早已了解到。对篮球球迷的观察中我们也认识到，中国拥有最庞大的篮球球迷基础。国际调查机构数据表明，中国有97%的12岁到18岁孩子喜欢打篮球和看篮球，篮球用品也是销量最高的体育产品，NBA和CBA热门比赛的转播甚至超过三亿观众观看。由此可见，对于大部分青少年个体来讲，通过媒体来关注篮球赛事已成为喜欢篮球运动的主流方式。而"明星效应"则是在媒体下，人们对其自身喜欢的篮球明星进行的关注、欣赏与喜欢的一定行为。青少年通过"明星效应"能有效激发其参与篮球运动的兴趣与积极性，以动机与参与意识为导向，投入到篮球技能学习过程当中。利用"明星效应"以内心崇拜激发学生篮球技能学习积极性，应用表象理论，推动篮球技能学习质量。因此我们基于篮球明星效应对学生的关注程度，在校园篮球的发展方面，则应从以下方面入手。

首先是让篮球明星走进校园。通过篮球明星与学生面对面交流，可以让青少年学生领略篮球运动的风采，体验篮球运动所特有的价值文化，从而推动学生及校园精神风貌的建设。另外可以通过篮球明星的职业经历与校园篮球队员分享，让学生直观感受篮球队员的顽强拼搏作风和团队精神，形成学生特有的内心感悟。其次是学校组织对篮球明星榜样的学习，让青少年学生认真了解自己喜欢的明星，最终通过榜样的力量来使自身取得篮球方面的最终进步。

七、加强学校篮球教练员的培养

篮球教练与体育教师都是校园篮球运动发展的重要因素。我们通过访谈及运动现状调查后发现，篮球教练员的知识结构单一、校园对篮球教师缺少一定的监督与评价机制、教学或训练经验少以及培训力度不够是目前制约青少年校园篮球开展的主要问题。教练员对青少年篮球运动技能以及体能、心理方面都有重要作用意义。因此，加强篮球教练员的综合业务水平是强化校园篮球动力发展的重要举措。在校园篮球教练员的培养方面，首先便是要强化教练员的综合知识能力，要求教练员不仅要具备基本的篮球业务能力，而且要具备职业岗位所需要的一系列专项能力。其次，学校管理部门要定期对篮球教练员以及相关的体育教师进行相关的考核，针对篮球教师或是教练员在该段时期的教学及训练情况进行合理的监督与评价，评价机制也可采用学生评教的方式来进行，使其总能够让校园篮球工作者保持积极先进的状态，最终在校园形成有效的篮球健康发展模式。另外也要重视对校园篮球教练员的选拔和队伍班子建设工作，取缔传统的篮球教练选拔制度，取而代之的是采用篮球教练员的综合业务水平来进行工作引进。最后在篮球教练员的工作上，要积极采取"走出去"的培养计划，定期对校园篮球教练员进行业务培训，使其接受先进的篮球理念，同时对自己一段时期的工作进行相应总结。在对校园篮球教练员培训上，一方面，校园要积极采取交流合作的形式，让篮球教练员走出校园，以此进行学习和交流；另一方面则要求政府部门或者高层次的部门组织对篮球教练员的培训工作，将最先进的国内外篮球教学或是训练理念传授给教练员，让其在培训的过程中进行工作方面的学习，从而取得一定进步与收获，来促进校园篮球发展。

八、引入社会资源加强校园篮球运动发展

校园篮球的发展过程当中经费的不足往往是在训练过程中遇到的重要问题，同时也影响了青少年学生参与篮球运动的积极性。因此要调整思路，积极引入社会资源来加强校园篮球的运动发展。首先，在建立完善的篮球竞赛体系之后学校要寻求外界赞助，以外界赞助商的名义来进行一系列相关的比赛，这样可有效俭省校园的资金政策。其次，随着市场的不断转变与发展，政府部门也要进行深入改革和发展，可有效采取企业公司的名义投资建立相关的篮球运动学校，以科学化的管理以及优厚的待遇吸引一些因某些原因上不了重点篮球学校或篮球基点校的中小学生篮球爱好者，扩大中小学生接受早期训练的人数，增大后备人才的储备量，并且允许这些俱乐部直接代表企业和商家参加比赛。第三，通过校内比赛的形式与外界企业、公司部门进行相关联合，相对于中小学来讲，大学校园校内联赛较为火爆，其长久的发展更需要外界企业的扶持与帮助，而对外界企业也可以起到宣传作用，因此通过外界资源的投入来满足青少年个体学生的利益保障，已使校园篮球取得充分发展。

第五章　排球运动的起源与发展

第一节　排球运动的发展史

一、排球运动的起源

1895年，排球运动起源于美国，由美国马萨诸塞州霍利沃克城的基督教青年会干事威廉·摩根（W. G. Morgan）首创。

19世纪末的美国盛行橄榄球、篮球等项目，由于这些运动比较紧张激烈，适合青年人参加，对多数中老年人来说可望而不可即。为此，摩根在经过一段时间的摸索之后，创造了一种较为和缓、活动量适当的运动方式

来满足中老年人的需要，他在网球场上把球网架在5英尺6英寸（1.98米）的高度上，然后让人们用篮球内胆隔着网来回拍打，使其在空中飞来飞去，这就是排球运动最早的雏形。由于篮球内胆太轻，不易控制，篮球和足球又太重，易挫伤手指、手腕，于是摩根找到了当时美国较大的制作体育用品的司保丁公司，要求他们设计一种用软牛皮包制的球，这种球既不伤手指，又不会一打就跑。司保丁公司按摩根的设计要求制作了与现代排球相近、外表是皮制、内装橡皮胆的球，圆周为25～27英寸（63.5～68.5厘米），重量为9盎司～12盎司（255克～340克）的最初的排球。今天排球的大小和重量就是据此演变而来的。

事后，摩根把这种游戏式的活动取名为"mitontte"，即"小网子"的意思。1896年，在美国马萨诸塞州斯普林菲尔德基督教青年会体育指导大会上进行了首次排球表演赛。当时观看比赛的春田市的哈尔斯戴特博士发现这种打法和网球有些相似，因而建议把这一运动命名为"volleyball"，即"空中截球"之意。这个名称得到了摩根及表演者的一致同意。于是，volleyball这一名称沿用至今。

1897年7月，美国体育杂志上公开介绍了排球比赛的打法及简单规则。从此，

排球运动在全美逐渐开展起来。最初的排球比赛场上没有人数的规定，赛前，双方可临时商定，只要双方人数对等即可。排球比赛由于受到各界人士的欢迎，排球这项运动很快得到美国各教会、学校和协会的广泛重视，并被列为美国的军事体育项目。

二、世界排球运动的发展

世界排球运动发展百余年来大体经历了三个阶段，即从娱乐排球向竞技排球过渡阶段、竞技排球迅速发展阶段、竞技排球的多元化和娱乐排球的再兴起阶段。

（一）从娱乐排球向竞技排球过渡阶段

排球运动原本是为中老年人锻炼身体而创造的一种娱乐性游戏活动。人们对球进行隔网拍打，相互嬉戏，以使球不落地为乐趣。初始时无技术可言，双方只是争取用手一次将球击过网，若不能一次将球击过，会有同伴再击。在游戏过程中人们逐渐体会到，一次击球过网不一定是最佳方式，有时从近网处甚至跳起击球过网，反而能创造更好的获胜机会。这样便出现了多次击球的打法，以寻找最佳时机或为技术更好的同伴创造得分机会，即形成了集体配合战术的雏形。后来人们又感到，一方无休止地击球也不合理，于是产生了每方击球至多3次必须过网的规定。这一规定的产生，使单一的拍击动作开始分化为传球和扣球两种技术。富有攻击性的扣球技术的出现，吸引了更多的年轻人参加，从而给单纯以娱乐、游戏为目的的排球运动逐渐增添了激烈对抗的色彩。后来，为对付扣球又产生了拦网技术，发球也采用了增加力量的侧面大力上手球，至此，排球运动产生了质的飞跃。

随着排球运动竞技性、对抗性的加强，比赛规则也逐渐引起了人们的重视。1921—1938年，排球规则进行了多次修改和完善，发球、传球、扣球和拦网成为当时的四大基本技术。在运用各项技术的同时，形成了有意识、有目的、有组织的战术配合，场上队员也出现了位置分工。到了20世纪30年代末和40年代，排球战术进一步发展，为了对付集体拦网及扣、吊结合的打法，产生了与之相适应的拦网保护战术系统。这一阶段，排球运动的特点是从娱乐游戏排球逐渐向竞技排球过渡，国际比赛没有统一的竞赛规则、竞赛制度和竞赛组织。

（二）竞技排球的迅猛发展

第二次世界大战后，一些国家相继成立了排球协会，人们希望国际上有一个统一的组织去开展国际的排球竞赛与交流。1946年，法国、捷克斯洛伐克、波兰倡议成立国际排球联合会。1947年，国际排联在巴黎成立，有14个国家的排协负责人出席了会议，会议选举法国的保尔·黎伯为第一任主席。此次大会制定了国际排联宪章，成立了技术委员会、竞赛委员会和裁判委员会，并正式出版了通用的排球竞赛规则。国际排联的成立，标志着排球运动从此摆脱了娱乐游戏的性质而进入竞技排球的新阶段。

国际排联成立后，组织了一系列国际大赛，如第1届欧洲男子（1948年）、女子（1949年）排球锦标赛，第1届世界男子（1949年）、女子（1952年）排球锦标赛，第1届世界杯男子（1965年）、女子（1973年）排球赛，第1届世界青年男、女（1977年）排球锦标赛和奥运会男、女（1964年）排球赛。这些国际比赛以后每隔4年举行一次，一直延续至今。此外，国际排联下属的各洲联合会也定期举办洲锦标赛、洲运动会排球赛、洲青年排球锦标赛等。在众多的大型比赛和广泛的国际交往促进下，排球运动的技、战术得到了蓬勃的发展。20世纪50年代，东欧一些国家的排球技术水平较高。苏联男、女排均以身高体壮、扣球力量大且凶狠而成为当时"力量派"的代表，并多次蝉联世界冠军。捷克斯洛伐克男排是当时"技巧派"的代表，他们以扣球线路变化和控制球的落点为特色，扣球轻重结合，是"力量派"的主要对手，但在实际抗衡中仍是"力量派"占上风。

20世纪60年代至70年代初是排球技、战术发展较快的一个时期，世界排坛呈现出不同流派各显特色、不同风格先后称雄的局面。60年代初，日本女排在大松博文教练的带领下创造了滚动救球、小臂垫球及勾手飘球技术，突破了以苏联、东欧为标准的技术模式，从此改写了苏联女排独霸世界冠军的历史。日本女排在技术上的三大发明是排球技、战术史上的一次重大革命，为促进排球运动的发展做出了极大贡献。这一时期的女子排球，是以日本为首的"防守加配合"和苏联为首的"进攻加力量"打法的抗衡，双方平分了8届大赛的金牌，世界女排进入了日苏对垒的时代。

1965年，国际排联对规则进行了修改："允许手可过网拦网"。规则的这一改变，使如何突破拦网、提高网上控空权成为比赛取胜的关键，当时男子"力量派"打法已不占优势，德意志民主共和国队则因以突出高大队员的"超手扣球"解决了这一问题，并取得了连续两年的世界冠军而被称为"高度派"。当时中国男排针对拦网规则的变化，创造了"盖帽拦网"和"平拉开扣球"技术，开创了"小个子打大个子"的先河，引起了世界排坛的瞩目。日本男排很快在学习我国"平拉开扣球"和"近体扣球"的基础上创造了"短平快""时间差""位置差"等进攻打法，1972年在第20届奥运会上击败以高度著称的德意志民主共和国队，为亚洲夺得了首枚奥运会男子排球赛的金牌。至此，以中国队和日本队为代表的"速度派"开始形成。这一时期男子排球四大流派的对峙，繁荣了排球的技、战术打法。这时的排球运动逐渐以其激烈的对抗性和高度的技巧性展现出自己的魅力。1977年，国际排联再次修改了规则，即拦网触手后仍可击球三次，这样又给组织进攻提供了更多的机会，进一步促进了攻防的激烈程度。20世纪70年代后期，中国男排首创了"前飞""背飞"等空间差系列打法，中国女排发明的"单脚背飞"技术，波兰男排创造的后排进攻战术，使排球运动进攻战术配合从二维空间发展到三维空间，从平面配合发展到立体配合的新阶段。这一阶段美洲的排球运动也得到了迅猛发展，古巴男、女排和美国女排迅速崛起并跻身世界强队之列。随着国际交往的不断增多，各种流派在相互取长补短中逐渐融合。欧洲各队吸取了亚洲的快攻打法，向强攻加快攻、力量加技巧的方向发展。亚洲各队在进一步发展快变战术的同时，重视提高运动员的高度以增加进攻威力。总之，70年代是竞技排球战术发展速度最为突出的时代，各种快变战术应运而生、争奇斗艳，使竞技排球运动更加绚丽多彩。

（三）竞技排球的多元化和娱乐排球的再兴起

1．竞技排球的多元化

进入20世纪80年代的竞技排球已度过了它的成长、发育时期而逐步走向成熟，当初那种只要在技、战术的某一个环节能够超群的队就有可能问鼎的时代已一去不复返了。中国女排之所以从1981—1986年连续5次夺冠，正因为这是一支既有高度又有灵活性，既能攻又能防，既能快又能高的全面型球队，练就了一套攻防全面、战术多变、以高制矮、以快制高的技、战术打法，在世界排球运动发展中为中国写下了辉煌的篇章。这一时期，美国男排创造性地运用了沙滩排球中的二人接发球战术，发明了摆动进攻战术。在比赛中，队员还大胆运用跳发球和后排进攻技术，使前排的快变战术与后排的强攻有机地结合成纵深立体进攻战术，而且该队队员不仅文化素养高，善于改革创新，而且防守积极，作风顽强，终于使这支过去一直默默无闻的球队接连获得4次世界冠军。

中国女排和美国男排的成功，标志着排球运动技、战术观念的革命，它预示着排球运动进入了全攻全守的新时期。全攻全守已不仅是个人攻防技术的称谓，而是指整体的全方位的攻和整体的全方位的守。全攻，首先从观念上打破了传统的进攻模式，即全攻意味着进攻的手段从发球和拦网开始。西欧男排继美国男排崛起后，在职业联赛的交流中进一步发展了美国男排的攻防体系，使跳发球和纵深立体进攻战术发展到运用自如，且很少失误的程度，尤其是意大利、荷兰等国，跳发球空中飞行时间仅为0.5秒，且拦网的成功率很高，因此进攻已不再是第三次击球的专利了。

全攻意味着进攻的变化已不局限在网前的二维空间内，而是充满整个场地的三维空间。意大利、荷兰等国的男排不仅有高快结合的前排进攻，而且在前排进攻配合下，从二传出手到扣球仅用0.8秒的背平快和后排进攻，形成了高、快结合，前、后结合的全方位进攻的局面。

全守即体现全方位的防守，首先是技术动作的全方位。由于进攻水平的不断提高，那种单纯依靠手和手臂击球的动作要防守迅雷不及掩耳的扣球是相当困难的。为了促进攻守平衡，国际排联本着积极鼓励防守技术的发展，同时又不消极地限制进攻技术的原则，从1984年开始，先后从规则上放宽了对运动员第一次击球时连击犯规的尺度，1992年将合法的触球部位从髋关节以上改为膝关节以上，1994年又由膝关节以上改为身体的任何部分均可触球，于是出现了手、脚、身全方位的防守动作，扩大了人的防守面积，提高了防守质量。1999年，规则又增加了后排自由防守队员。其次，体现在当代防守观念的转变，即由预判的"出击防守"代替了固定位置的"等待防守"。"高位防守"的取位则更需要运动员具有高水平的判断、反应及控制球的能力。另外，全方位的防守还体现在针对对手的进攻特点，随时调整拦网与防守的配合，打破原有的防守阵型模式，从而兼顾防守效果和防起后的反攻进行布阵。

20世纪90年代，意大利、荷兰男排以惊人的速度在国际上确立了领先的地位，这标志着竞技排球走向社会化、职业化的时代已经到来。由于排球运动的职业化趋势，使排球运动的技、战术水平又跃上了一个新的台阶。职业俱乐部的实施使意大利排球水平突飞猛进，尤其男排更为突出。在1988年以前的历次世界大赛中，意大利男排只有4次进入前8名。而1988年后每次都打入大赛前8名，其中4次荣登冠军宝座，4次获亚军，意大利女排也获得了2002年世界锦标赛冠军。在女排方面，古巴女排在高举高打的同时，加快了进攻的速度，并克服了情绪波动的弱点，在20世纪90年代独领风骚，从1989—2000年先后夺得8次世界冠军。

进入21世纪，世界排坛的格局发生了根本的变化——在女子排球方面，古巴女排走下神坛，一枝独秀的实力不再，呈现出中国、俄罗斯、意大利、巴西、美国女排多强林立的局面。2008年北京奥运会以"无冕之王"巴西女排的成功加冕圆满落幕。虽然本次比赛没有彻底改变世界女排的格局，但是其中的细微变化依旧耐人寻味。美洲三强集体晋级半决赛，巴西和美国更是接连实现飞跃；欧洲列强集体受挫，多年来首次无一闯入四强；亚洲依然靠中国女排苦苦支撑，日本队要想突破尚需时日。2012年伦敦奥运会女排比赛，巴西女排成功卫冕，美国连续两届奥运会屈居亚军，日本在时隔28年后再度斩获铜牌，韩国队在36年后重返四强名列第4，中国、多米尼加、意大利和俄罗斯4队获得并列第5名，英国和土耳其位居并列第9，阿尔及利亚和塞尔维亚并列第11位。2014年世界最新排名，美国与巴西包揽前二，中国在获得世界锦标赛亚军后，相应地提升至第3位。在男子排球方面，从诸强纷争改变为巴西队异军突起，自雷纳多执教巴西男排以来，巴西队连续5年（2003—2007年）获得世界排球联赛的冠军，并夺得了两届世界锦标赛（2002年、2006年）、两届世界杯（2003年、2007年）和2004年奥运会的冠军，以及2008年奥运会的亚军。美国、意大利、俄罗斯男排仍保持第一集团的实力。第二集团的男排队伍在不断地扩大。2012年伦敦奥运男排比赛，俄罗斯实现了重大突破，在32年后再摘奥运金牌，巴西连续两届奥运会屈居亚军，意大利在时隔8年后再度跻身三甲截获铜牌，保加利亚创下32年来奥运最佳战绩名列第4，阿根廷、德国、波兰和美国4队并列第5名，澳大利亚和塞尔维亚并列第9，英国和突尼斯并列第11位。2014年世界最新排名，巴西与俄罗斯包揽前二，中国位居第17位。

2. 娱乐排球的再兴起

一百多年前，排球运动起源于一种娱乐游戏活动。随着时间的推移，排球运动的娱乐性逐渐被其竞技性所取代。自20世纪80年代以来，竞技排球的技、战术都发生了质的变化，全方位的攻、防更增加了比赛的观赏性。但随着现代经济的发展，人们对物质文化消费的需求也在不断地提高，健身娱乐逐渐成为人们消除疲劳的有效方法。人们在观看比赛获得赏心悦目的享受之余，也渴望体验参与这项运动的乐趣。但由于排球运动本身的高度技巧性，往往使前来参加运动的人高兴而来，扫兴而归。因此，人们迫切希望有一种大众都能参与的排球运动形式，于是人们开始从球的性能、比赛规则上进行了适合各自需要的修改，全球性的娱乐排球便应运而生。

国际排联在竞技排球中的一系列改革，虽然吸引了更多的观众，但毕竟不能使竞技排球成为吸引更多人参与的运动，这无疑会影响人们对该项运动的喜爱，于是国际排联对这些适合大众开展的排球运动形式给予了积极的支持和重视。20世纪90年代，国际排联把沙滩排球列入整体发展规划，并成立了沙滩排球委员会。1993年出版了第一部沙滩排球正式竞赛规则，1996年沙滩排球成为亚特兰大奥运会正式比赛项目。目前，对软式排球、迷你排球（小排球）都组织过世界性的青少年比赛；国际排联近年来又选择4人制（公园）排球作为大众排球运动推广项目，以扩大排球活动人口，促进大众健身运动的和谐发展。总之，娱乐排球的再兴起，标志着现代排球运动进入了竞技排球与娱乐排球共存的新时代。

三、我国排球运动的发展

（一）早期发展

在我国，排球运动的历史可以追溯到20世纪初。当时，作为文化教育的体育，伴随着西方文化传入我国，美国传教士在传教布道之时把排球运动带了进来。1905年，排球活动首先在广州南武中学和香港皇仁书院流行，后来主要通过基督教青年会体育部、留学生、外籍人士等，以教学、游戏、训练班及表演等方式传播，排球运动逐步在我国部分城市的一些学校中开展起来。人们根据volleyball的译音，把空中击球称为"华利波"。1913年，我国参加了在菲律宾举行的第1届远东运动会排球赛，这是世界上第一次正式的排球国际比赛，虽然参赛队只有中国和菲律宾，我国的代表队又是临时从田径、足球队中抽调了一些运动员拼凑起来组成的，但比赛打得精彩、激烈，引起了人们的兴趣。这些队员回国后，将正式的排球运动带到了广州、台山、文昌等地。

男子排球从1914年的第2届、女子排球从1924年的第3届旧中国全国运动会开始被列为正式比赛项目，并将"华利波"改称为"队球"，取"成队比赛"之意。1915—1934年，我国男排参加了10届远东运动会，曾获得5次冠军和5次亚军。我国女子排球比赛出现较晚，1921年在广东省运动会上首次出现，1923—1934年参加了5次远东运动会，均获亚军。在1930年旧中国第4届全运会之前，经中华全国体育协进会研究，根据其球在空中被来回击打和参加者成排站位这两个特点，将"队球"改称为"排球"。从此，"排球"这一名称和运动形式在我国传播开来，沿用至今。

排球运动传入我国后，因受远东运动会的影响，故经历了16人制、12人制、9人制、6人制打法的演变过程。1915—1919年，我国排球比赛采用16人制打法，每方上场16名队员，分成4排，每排站位4人，比赛中位置固定不轮转。1919—1927年，我国排球比赛采用12人制打法，双方各12名队员上场，成3排，每排站位4人，场上位置仍固定不轮转。当时已出现上手发球、正面扣球、单人拦网及倒地救球等技术动作。1927—1951年，我国排球比赛采用9人制打法，双方各9名队员上场，成3排，每排站位3人，位置同样固定不轮转。当时又出现了勾手大力发球、勾手扣球和鱼跃救球等技术动作，尤其在第8、9届远东运动会上，为了突破菲律宾高大队员的拦网，我国队员创造"快板球"技术和快球及快球掩护下的两边拉开战术。9人制打法排球在我国延续了24年之久，是采用6人制打法前我国开展排球运动时间最长的一种比赛方式。

我国正式采用6人制排球是在新中国成立以后。此前，虽然排球运动已在我国开展了40余年，但因国家贫穷落后，所以很难普及，只是在几个大城市和东南沿海地区得到开展，所以技术水平不高，战术也非常简单。

（二）新中国成立之后的发展

1. 推广、普及、发展

新中国成立后，由于国家的重视，排球运动很快被作为重点体育项目在全国推广。为了适应国际比赛的需要，1950年7月，在全国体育工作者暑期学习会议上，中华全国体育总会第一次向与会人员介绍了国际排联制定的6人制排球竞赛规则和方法，并于8月份成立了中学生排球代表队赴布拉格参加世界学生第二次代表大会的排球比赛。1951年1月，我国组建了中国青年男子排球队赴柏林参加第11届大学生冬季运动会和第3届世界青年联欢节。同年5月在北京举行的第1届全国篮、排球比赛大会上，正式采用了6人制排球比赛方式，并正式组建了国家男、女排球队，即当时的"中央体训班男、女排球队"。1952年，国家男、女排到全国14个城市进行了6人制排球比赛的示范表演，为6人制排球运动在我国的普及起到了积极的推动作用。1953年，中国青年女子排球队首次随中国代表团参加了在布加勒斯特举行的第1届国际青年友谊运动会排球赛。1954年，我国加入国际排联成为正式会员国。为了向当时排球运动处于领先地位的东欧各国学习，中国男、女排球队在赴布达佩斯参加第12届大学生运动会途经苏联时，曾到莫斯科、里加、基辅、明斯特等城市边训练、边比赛，系统地学习了苏联排球队先进的技、战术打法及训练方法。除了"走出去"外，我国男、女排球队还采取"请进来"的方法学习外国的先进技术及理论，这一时期，捷克斯洛伐克军队男排和保加利亚男、女排球队先后应邀来我国访问。1956年，国家体委还邀请了苏联专家戈洛马佐夫在京、津两地举办的"全国排球教练员训练班"讲课，学员们全面系统地学习了苏联排球运动训练的理论与方法，为我国排球运动的发展起到了积极的促进作用。同年，我国建立了全国排球联赛的竞赛制度，并颁发了《中华人民共和国运动员、裁判员等级制度条例（草案）》。这时，教育部颁布的《一般高等学校体育课试行教学大纲》《中等学校体育教学大纲（草案）》和《师范学校体育教学大纲（草案）》，均把6人制排球列为教材内容。由于受全国联赛的影响，各大、中城市也都开展了具有本地特色的排球竞赛活动。

我国20世纪50年代排球运动的发展可概括为一手抓普及、一手抓提高，在普及的基础上抓提高，在提高的指导下普及，因此运动水平提高较快。由于我国排球运动是在继承9人制排球技、战术的基础上发展起来的，尤其是我国的快球和快攻战术是其他国家所没有的，所以1956年中国男、女排球队第一次参加世界锦标赛就取得了女子第6名、男子第9名的好成绩。

20世纪60年代前后，我国各省、市队根据自己的特点开始形成各自不同的风格和技、战术打法，如广东队的快速配合、四川队的细腻稳健、北方队的高打强攻、解放军队的勇猛顽强、上海队的灵活多变等，充分体现了我国6人制排球技、战术水平的显著提高。

1964年，周恩来总理邀请大松博文教练率领当时的世界冠军日本女排访华，并请他亲自指导我国运动员训练。贺龙副总理要求我国排球界要学习大松博文教练的严格要求和日本女排刻苦顽强的训练作风。此时，我国排球训练工作的方针是"三从一大"，即从难、从严、从实战出发，坚持大运动量训练，使我国排球运动水平又有了明显的提高。当时我国不仅学习了日本女排的勾手飘球、垫球及滚动救球技术，而且创造了"盖帽拦网"和"平拉开扣球"技术。"文化大革命"期间，我国的体育事业受到了严重摧残，排球运动也同样遭此厄运。在此期间，运动队都停止了训练，有的队甚至被解散，人员青黄不接，排球运动的整体技术水平下降。

2. 冲出亚洲，走向世界

1972年，在周总理"要把体育运动重新搞上去"的号召下，国家体委以举办5项球类运动会的形式恢复了体育竞赛，并于同年召开了"三大球训练工作会议"。会上对过去的工作进行了总结，找出了差距，进一步明确了今后排球训练工作的指导思想及发展规划，建立了排球训练基地，并开始有计划地组织每年各省、市队的集中训练工作。通过每年的冬训，各队有一段较长时间集中在一起相互学习、相互促进的机会，这对提高技、战术水平，迅速培养后备力量起到了一定的催化作用。1976年，我国组建了新的国家男、女排球队。在1977年在世界杯排球赛（男子第3届、女子第2届）上，我国男排获得第5名，女排获得第4名。1978年，我国排球队又在世界排球锦标赛上获得男子第7名、女子第6名的好成绩。1979年我国男、女排分别在亚洲锦标赛上战胜日本队和韩国队，双双获得冠军，并取得了参加奥运会的资格，从此，中国男、女排开始冲出亚洲，走向世界。1981年，我国女排在日本举行的第3届排球世界杯赛上以7战7捷的战绩，第一次获得世界冠军的称号，为三大球翻身打响了第一炮。1982年，在秘鲁举行的第9届世界女排锦标赛上中国女排再次夺冠。1984年，中国女排继续发扬顽强拼搏精神，在美国举行的第23届奥运会排球赛上再次问鼎，第一次在奥运会排球比赛馆内升起了五星红旗。中国女排荣获三连冠在我国排球史上留下了辉煌的一页。1985年，在日本举行的第4届女排世界杯、1986年在捷克斯洛伐克举行的第10届世界女排锦标赛上，我国女排又相继夺得冠军，从而创造了世界女排大赛"五连冠"的新纪录。

20世纪70年代末到80年代初也是我国男排技、战术水平提高较快的时期。在继承传统快攻打法的基础上，我国男排大胆创新了"前飞""背飞""拉三""拉四"等新战术，并形成了一套自己的快变战术打法，在1977年的世界杯赛和1978

年的世界锦标赛上分别获得了第5名和第7名的好成绩。1981年，我国男排再次获得世界杯第5名，当时中固男排的实力不仅冲出了亚洲，而且可以向世界的列强挑战。

这一时期，我国的排球运动以"全攻全守、能高能快"的战术特点，在世界排坛上展现了风采。

3. 走出低谷，重振雄风

20世纪80年代，当世界男子排球运动迅猛发展的时候，我国男排由于种种原因造成了运动水平的下降。1982年世界锦标赛的分组本来对中国男排非常有利，但因关键时刻队员的心理承受能力出现了问题，失去了进入前4名的机会，仅获得第7名。1984年，中国男排又以一胜五负的战绩排名第8。1985年，在世界杯亚洲预选赛上，中国男排又以1:3负于韩国，从而失去了参加世界杯赛的资格。1987年，在亚洲锦标赛上中国男排由于负于日本而失去了参加第24届奥运会的资格。1989年，在亚洲锦标赛上，中国男排负于日本队和韩国队名列第3。随着男排成绩的下降，女排在90年代初，运动成绩也急转直下，跌入低谷。1988年汉城奥运会，我国女排失去了冠军的宝座，1988—1991年两次世界杯和一次世界锦标赛的成绩分别为第2名、第3名、第2名，1992年奥运会和1994年世界锦标赛仅获得第7名和第8名。在1994年亚运会上，中国女排负于韩国名列第2，此时中国女排的运动成绩又倒退到"冲出亚洲"的起点。

我国男、女排成绩下滑的原因，主要在于指导思想跟不上世界排球运动形势的发展。首先体现在对"进攻"和"进攻战术"认识的滞后。20世纪80年代的欧美男排就已普遍运用了跳发球和后排进攻打法，形成了在排球场上的全方位进攻，紧接着欧美女排也开始效仿，但此时中国男、女排的进攻观念仍停留在70年代的认识上，总是在前排二三点进攻的变化上做文章，致使进攻战术既无创新也无借鉴，所以与国际排球运动先进水平逐渐加大了距离。其次是80年代末国际排坛商业化的趋势日渐明显，职业化趋势日渐成熟，而我国竞技体育的体制仍保持着50年代向苏联、东欧国家学来的旧的管理模式，然而在世界体育职业化和国内市场经济浪潮的冲击下，运动队的管理问题突出地暴露在人们的面前。第三是伴随着国家"奥运战略"的出台，各省、市的"全运战略"也应运而生，所有的运动项目均以拿金牌为目的。排球运动是集体项目，拿不到更多的金牌，因此很多省、市将专业排球队解散。

1995年，国家体委召开了"重振排球雄风研讨会"，会上总结了失败的教训，找出了问题所在，并且探讨了今后的发展方向。同年，我国重新组建了国家女排，并请郎平回国执教。中国女排在郎平主教练的率领下，严格训练，增强了全队的凝聚力，树立了重新攀登世界高峰的信心，于1995年获得亚洲锦标赛冠军冲出亚洲，并于同年获得世界杯赛的第3名，1996年又获得奥运会排球赛亚军，1998年世界锦标赛再次获得亚军，1999年世界杯赛第4名，2000年奥运会成绩下降至第5名。1997年，中国男排在新一任教练汪嘉伟的带领下重新夺得亚洲锦标赛的桂冠，并在世界锦标赛预赛中取得了参赛资格。在1998年世界锦标赛上，中国男排虽然较好地发挥了自己的水平，但因体能、体力和技术上的差距，在前12名中仍没找到自己的位置。在1999年亚洲锦标赛上，中国男排成功卫冕。但在同年年底上海举行的亚洲区男排奥运会资格赛上失去了一次绝好的依靠自己实力冲进奥运会的机会。

4．重夺冠军，任重道远

2001年，陈忠和任新一届中国女排的主教练。在经历了2002年世界锦标赛第4名的成绩后，从压力中走出来的陈忠和带领中国女排在2003年世界杯女排比赛中，以11战全胜的佳绩夺取了17年来第一个世界大赛的冠军。接着在2004年雅典奥运会上，中国女排力克各路劲旅，在阔别20年之后勇夺奥运冠军。北京奥运会女子排球3、4名决赛在中国队与古巴队之间展开。经过4局激烈争夺，中国女排以3:1力克对手，获得铜牌。

面对与世界领先水平之间的差距，中国男排经历了一个较长的痛苦和摸索时期。2001年，邸安和接手了中国男排，他大胆地起用了一批年仅20岁的年轻人，在2003年世界杯上获得第10名。2004年奥运会预选赛，中国男排负于澳大利亚队而无缘雅典奥运会；但在"三老带一新"的模式下力克亚洲劲敌韩国、日本和伊朗，无论是从比赛经验还是心理上，都为中国男排日后的复兴和发展留下了广泛的空间。这就意味着中国队必须有所改变，不仅要求技、战术更加完善和全面，而且在思想和意识上也应有一定的提高，即要求进一步提高基础训练水平，加强新技术新打法的研究开发，改革国家队的发展思路。为了达到这些目标，安心搞好联赛，不断提高各级教练员水平，摒弃急功近利的思维方式成为后来中国男排发展的工作重点。为此，中国排球协会在《2001—2008年排球运动发展规划》中制定的目标是：以青少年和学校为重点的群众性排球运动得到较大的发展；初步形成能够适应社会发展、项目特点规律的训练管理体制和运行机制，并建立起职业与非职业相互衔接、相互促进、共同发展的格局。在北京奥运会12支参赛队伍中，中国男排的国际排名最低。但是，在教练周建安的率领下，依靠敢于胜利的"亮剑"精神，中国男排凭借坚定的信念力克委内瑞拉队，打破了逢日难胜的魔咒，卧薪尝胆24年之后再次打进八强，并赢得了对手的尊重。国际排联主席魏纪中称，这是中国男排多年来在世界大赛中表现最出色的一次，来之不易的突破也为中国男排继续攀登高峰增强了信心。

5. 稳中求进，突破自我

2008年北京奥运会后，中国女排开始了频繁换帅的动荡期。2013年，由郎平挂帅执教的中国女排，在2014年世锦赛中，时隔16年再度摘银，取得了阶段性的突破，女排姑娘的场上表现，让国人又一次感受到女排拼搏精神的回归。正因为女排的团队精神，在2014年"CCTV体坛风云人物"评选活动中，中国女排、郎平和袁心玥分别获"2014年度最佳团队""最佳教练"和"最佳新人"奖项。中国女排的年轻选手近年也表现不俗，徐建德督战的女排二队斩获亚洲杯冠军和亚运会亚军，在亚青赛成功卫冕、亚少赛赢得季军，中国女排当仁不让地又成为近年来中国三大球的亮点。

2008年北京奥运会后，中国男排的战绩持续低迷，暴露出诸多问题，各项技、战术都有待提高。回顾2014年，中国男排过于倚重老将，加之伤兵满营，参加的世界联赛升档未果，世锦赛无作为，亚运会又无缘奖牌，让主教练谢国臣冲击里约奥运门票的誓言显得苍白无力。唯一亮点来自接应老将袁志，第三阶段半决赛对垒古巴劲收37分，成为世界联赛单场个人最高分纪录。鉴于目前中国男排在世界和亚洲的地位，必须奋起直追、突破自我，才能再创辉煌。

第二节　排球运动的特征及主要赛事

一、排球运动的特征

（一）排球运动的技术特征

1. 发球技术高点化、速度化、弧度低平化

在现代排球比赛中，高点、力大、旋转能力强的大力跳发球如同后排远网扣球，这样会对接发球效果产生极大的影响，造成接发球困难。尤其目前的规则规定，发球触网进入对方场区继续比赛，使发球的弧度逐渐减小。

2. 垫球技术的多样化、合理化、实用化

随着世界排坛发球技术和进攻战术的发展，对垫球技术在接发球或接扣球环节提出了更高的要求。在垫球质量上力求做到弧度低、速度快、失误少、到位多。为保证进攻奠定基础，在接扣球方面，运动员表现出反应及时、起动快、卡位好、拼得很，能用各种高难防守动作和手法向左、前、右三条线路，上、中、下三个部位顽强防守。

3. 传球技术速度化、低平化

纵观近几年世界男女排强队的二传技战术，表现出技术娴熟、动作隐蔽、分球合理、应变能力强、传球速度快。尤其是世界诸强队的高水平二传手能定点传、升点传、降点传、并采用单双手的跳传技术，升高击球点。其次二传手无论何时传向前排的球或后排的球，其传球弧度都是从以往传高弧度球向传中低弧度球发展，目的是缩短球在空中飞行的时间，加快进攻的节奏，从而有效地突破拦网。

4．扣球技术力量化，简练实效化

世界排坛扣球手最显著的特点是身体条件和专项素质的优越性。在扣球技巧上，能直线和斜线结合、重扣和轻打结合、长线和短线结合、定点和跑动结合、强攻和快攻结合、顺飞和逆飞结合、前排和后排结合等具有不可阻挡的气势。

5．拦网技术滞空化、手性实效化

随着世界男女排运动员身材的日趋高大、身体素质不断增强，表现出弹跳力好、滞空时间长，两手臂举得高，伸得远，拦阻范围大。拦网技术已成为主动得分的主要手段，没有拦网得分将来比赛就很难取胜。随着运动员身高的大型化，弹跳力的增强，扣球点的升高，力量的加大，球速的加快，要求拦网时移动更快，起跳更高，滞空能力更强，空中手型变化更加熟练实用，这样才能符合实战的需要。

（二）排球运动的战术特征

1．后排攻、立体攻在三维空间的进攻点增高、增多、互移化

垂直轴面上的进攻点会继续增高，随着运动员身高大型化，弹跳高度化，进攻时点不高就有被拦的可能，所以提高垂直轴面上的进攻点，最重要的是提高手高和弹跳高度，升高进攻时的击球点，提高球的过网高度。同时为追求进攻实效并与纵轴面结合，采用高点快攻、交叉、梯次掩护进攻和后排立体结合的进攻打法，增高增多垂直面上的进攻点。横轴面上的进攻点会继续增多，由于重叠拦网、换位拦网、补拦技术已被各强队所运用，进攻点没有新的发展会很快被对方适应，所以横轴面上的进攻点会在规则允许的网长内向更多、更新、更奇和更加分散的方向发展。纵轴面上的进攻点由前排向后移、后排向前排移的趋势。纵轴面上的进攻点贯穿着前排和后排。由于运动员拦网能力的提高，避免近网被拦，前排的进攻点再后移，又由于运动员空移能力的提高，后排进攻点在前移，相向移动后，在进攻线附近的三维空间形成前后排复杂的新的立体进攻战术。

2．进攻战术在三维空间双面向活点立体化

现代的排球进攻战术是双面向三维空间的立体进攻如三维空间差结合位置

差、三维时间差结合位置差、三维空间差结合时间差的立体进攻等。这些进攻战术都是双活点的快攻牵制，由平面到立体，还具有进攻点多、战术变化灵多、灵活性大、牵制力强、杀伤率高、对一传压力大、组攻范围大的优点。

3．自由防守人灵活专人化

自由防守队员是指每队唯一自由上下场的防守人，优秀的自由人有很高的一传到位率。自由人在拦网配合方面能与前排拦网队员结合，相互呼应，前排拦斜线时，自由人站在后排中线的位置，拦直线时，自由人站在后排斜线的位置上，以完美的手上能力和卓有成效的起球效果，来鼓舞全队的士气，为全队创造胜机。

4．"快速多变"成为战术的主要特征

在当今排坛，只有快速多变的进攻、快速多变的调整、快速多变的配合、快速主动积极的防守，才能掌握比赛场上的主动权。这种"快速多变"既包括队员的行动，又包括整体队伍的战术行动。队员的行动是指队员个体的进攻与防守的变化，而整体队伍的战术行动是指整队所有队员之间的进攻与防守配合的战术变化。只有运用快速多变的战术配合，才能在比赛中取得胜利。

二、排球运动的主要赛事

（一）世界排球大赛

1．世界锦标赛

该项比赛是世界上最早、规模最大的一项赛事。1949年，第1届世界男子排球锦标赛在布拉格举行。1952年，世界女子排球锦标赛在莫斯科举行。以后每隔4年举行一次，与奥运会排球赛穿插进行。截至2014年男排举行了18届，女排举行了17届。世界锦标赛不受洲际队数限制，各国各地区都可以申请参加，但从1986年起，国际排联限定参加世界锦标赛的队数最多不能超过16支。参赛队的确定方法是东道国代表队和上届锦标赛的前7名为直接参赛队，其余的队自五大洲锦标赛的冠军队（如果洲冠军队已获直接参赛资格，则按名次顺序递补）。另外3个名额则在国际排联组织的资格赛中产生。女排仍是16个参赛队，其参赛资格也在预赛

中产生。

2．世界杯赛

世界杯赛原为欧、亚、美三大洲的排球赛，1984年，国际排联将此项比赛扩大成世界性比赛，并称其为世界杯赛。1965年，在华沙举行了第1届男排世界杯赛，1978年，在蒙得维的亚举行了第1届女排世界杯赛。以后每隔4年举行一次。经国际排联批准，从1977年开始，举办的地点固定在日本。世界杯赛的参赛队最多不超过12支，一般由东道国代表队、上届冠军队和各洲锦标赛的前两名构成。

3．奥运会排球赛、沙滩排球赛、残奥会坐式排球赛

1964年在日本东京举行的第18届奥运会上，排球比赛被正式列为奥运会比赛项目。奥运会排球赛的参赛队一般男子为12—16支队，女子为8—12支队，具备参赛资格的是东道国队、上一届的冠军队、上一届世界杯冠军队和五大洲锦标赛的冠军队。在1996年亚特兰大第26届奥运会上沙滩排球被列为正式比赛项目，男、女各24支队参加比赛，每队两名运动员，每个协会最多两个队（男、女各一个队）。1980年在莫斯科举行的第6届残奥会上，男子坐式排球第一次成为正式比赛项目；2004年在雅典举行的第12届残奥会上，首次将女子坐式排球列为正式比赛项目，中国队夺得冠军。

4．世界男排联赛和世界女排大奖赛

这两项比赛都是国际排联举办的商业性大赛。世界男排联赛始于1990年，以后每年举行一次，该项比赛采用主客场制。世界女排大奖赛始于1998年，以后也是每年举行一次，该项比赛采用巡回赛的方法进行。以上两种比赛因为商业色彩很浓，所以凡申请参赛的队，都要通过国际排联规定的"专门硬件"资格的审查，即：申请报名参赛队的主场所在地必须具备能容纳5 000人以上观众的体育馆，而且场地内必须具备新闻通信设施；主场所在地必须具有能通过卫星向世界转播和向全国转播的电视台，并能保证每天提供有关比赛的电视节目，同时还必须保证能向国际排联提供每场比赛的录像；主场所在地必须设有国际机场，或是仅距国际机场两小时以内路程的地方。除此之外，申报参赛队还必须向国际排联交纳50

万美金的报名费。因此，这两项比赛每年的参赛资格及参赛队数的多少，都是赛前由同际排联组织专门机构进行研究后商定的。

5．世界沙滩排球锦标（巡回）赛

世界沙滩排球锦标（巡回）赛始于1989年，最初称为沙滩排球大奖赛。首届比赛分4站在巴西、意大利、日本和美国进行。1997年改为世界沙滩排球锦标（巡回）赛。该项比赛一般分为8～12站（根据参赛人数多少而定），最多可以有40对选手获得参赛资格，最后有24名选手进入排名榜。若报名选手超过40对，就要先进行资格赛。选手报名时，要同时选定比赛站数，只有打满4～5站以上的选手才可参加排名。名次的排列根据赛后总得分的顺序，达到规定的积分即可参加下一年度的比赛而不用参加资格赛。沙滩排球锦标（巡回）赛是每年沙滩排球的常规赛事。

6．世界青年排球锦标赛

第1届世界青年排球锦标赛始于1977年，在巴西的里约热内卢举行。最初每4年举行一次，以后改为每两年举行一次。世界青年排球锦标赛规定，参赛队年龄不能超过20岁，参赛队一般由东道国代表队、上届冠军队和各洲青年锦标赛的前2～3名构成。

7．世界少年排球锦标赛

世界少年排球锦标赛始于1989年，第1届世界少年男排锦标赛在阿联酋、女排在巴西举行，以后每两年举行一次。该项比赛规定，参赛队员年龄不得超过18岁。

（二）国内大型排球比赛

1．全国运动会排球赛

1959年，在北京举办了第1届全国运动会排球赛，已举办过12届，是我国最重要的排球赛事。

2．全国青年运动会排球赛

全国青年运动会前身是全国城市运动会。1988年，在山东举办了第1届全国城市运动会排球赛，至今已举办过7届，是培养排球后备力量的赛事。为了与青年奥林匹克运动会接轨，更加突出培养体育运动后备人才的目标，2011年10月经国务院正式批复，2013年11月将全国城市运动会正式更名为全国青年运动会。第1届全国青年运动会于2015年10月在福建举行。

3．全国排球联赛（主客场制）

自1996年开始，全国排球联赛已举行19届，是我国影响最大、水平最高的排球赛事。参加比赛的运动队为各个省市、解放军、俱乐部的顶级球队。

第三节　排球运动的发展趋势

一、攻守更加平衡

在排球发展过程中，攻强守弱的状态已持续了很长时间，国际排联为了扭转这种局面，对排球规则作了几次重大修改。如每球得分制的使用、自由人的出现、发球区的扩大、允许身体任何部位击球等，必将会进一步促使排球技战术的创新，充实排球运动的内涵，丰富排球运动的表现形式。排球技战术的不断丰富和发展与排球竞赛规则的不断修改和完善是互为因果的。在这里必须重视两个问题：一是除发球和扣探头球外，排球的一切进攻都是从接球和防守开始，没有良好的接球和防守作基础，一切进攻无从实现；二是每球得分制要求运动员的攻防技术更加全面，准确和有效，进攻与防守互相依存、互相制约。

纵观世界排球技战术的发展历程可以看出，进攻与防守对抗始终贯穿于排球运动发展的整个过程。例如：扣球技术的产生导致了拦网的出现；勾手飘球技术的发明，刺激了垫球技术的发展；网前跑动换位、交叉重叠掩护等快攻战术的运用，与此相对抗出现了重叠、换位等拦网战术；拦网技术的提高，推动了后排进攻战术的运用。进攻与防守战术的相互对抗又相互联系，相互制约又相互促进是排球运动技战术发展的主要动力。进攻技战术的提高带动了防守技战术的进步，而防守技战术的加强，又反过来促进进攻技战术的发展，形成了排球技战术发展螺旋式递进的特征。

二、技战术更全面

排球运动带有规律性的问题是要求运动员技术全面，能攻能守，进攻上既能强攻又能快攻，既能前排攻又能后排攻，前后排融为一体；根据运动员不同特长，有效地组合不同的战术，使战术组合更具个性化，发挥整体优势。

随着运动员身高和弹跳力的不断增长，后排扣球技术的应用日益普遍，成为当今高水平排球比赛的主要进攻手段。高快结合，前后排结合，进攻向着立体、全面型方向发展。运动员凭借身高、弹跳力强、爆发力好、力量大和挥臂速度快等优势，跳发球技术被大量运用，采用跳发平飘，跳发侧旋、下旋，轻发落点等多样化跳发球技术，以达到先发制人，争取主动的目的。四号位平拉开结合二、三号位的跑动进攻战术，降低后攻的弧度，增加反攻的进攻点等都是为了争取时间，夺得空间，突破对方拦网。进攻速度在不断加快。采用的手法是降低弧度，加快传球的速度等。

世界男排各队的集体配合战术更加丰富，战术有新的发展。四号位平拉开，三号位远网快球，远网短平快被普遍运用。重视集体配合和快攻战术，强调技术全面、攻守兼备、快速灵活，控制失误。一攻水平高，防守能力强的队代表着当今世界排球的最高水平。实践证明：技术不全面，就不能保证战术的组织与变化；排球运动的全面内涵是在全攻全守基础上突出自己特长，各单项技术的运用从较单调打法向多样化、更全面的方向发展。当今排坛世界各强队在注重高度和速度的同时，每名运动员的技术是否全面，全队的串连技术是否合理、娴熟等成为一支球队成熟与否的标志。攻守不平衡，就无法夺取比赛的主动权；没有高度，必然削弱网上扣拦抗争的实力；个人没有特长，队也必然没有特点；没有集体配合，也就谈不上更好地发挥个人的特长；没有拼搏精神和勇猛顽强的战斗作风，就缺少取得胜利的可靠保证等。

经过100多年的发展与变革，排球战术体系的构建和发展经历了"点—线—面—体"的演变过程，对战术的运用趋向合理，简练和实效。国际排球运动的发展已经进入一个新的时期，在发展速度、提高力量、增加变化、全面发展、有所特长的基础上向更高层次，更高水平迈进。具体表现在力量、速度、高度和技巧紧密结合，攻守技术全面，战术风格独特，队有特点，人有特长，身体素质好，心理素质高。在技术、战术、身体、心理层次全面发展，是当代排球运动发展趋势。全面、高度、快速、多变将在更高层次上不断深化和发展。

三、职业化、商业化、大众化

20世纪90年代以来，竞技排球朝着职业化、商业化和大众化的方向发展。职业化是排球运动的发展趋势，高额奖金促使比赛更加精彩，而紧张激烈的对抗更能吸引观众，又能创造更大的经济效益。职业化和俱乐部制度吸引了大批优秀选手投身竞技排球，大大提高了排球比赛的激烈精彩程度，提高了排球运动的吸引力。传播媒体的介入，促使排球运动商业化趋势日益加强。娱乐排球的盛行，使排球运动发展成为世界上最主要的运动项目之一。排球运动的竞赛形式越来越多样化，大众化趋势日益明显。

第六章 排球运动技术与校园排球发展

第一节 排球运动基本技术

一、发球

（一）正面上手发球

正面上手发球是指发球队员面对球网站立，利用收腹转体动作带动手臂加速挥动，在头的右前上方用全手掌击球过网的发球方法。这种发球击球点高，可以充分利用胸腹和上肢的爆发力，加之运用手掌的推压动作使球呈上旋飞行，不易出界，因此它具有较大的攻击性和准确性。

1．动作方法

（1）准备姿势。

面对球网，两脚自然开立，左脚在前，左手托球于体前。

（2）抛球与引臂。

左手将球平稳地抛于右肩的前上方，高度适中，同时右臂抬起，屈肘后引，肘与肩平，上体稍向右侧转动，抬头、挺胸、展腹、手掌自然张开。

（3）挥臂击球。

利用蹬地，使上体向左转动，同时收腹，带动手臂向前上方快速挥动。在右肩前上方伸至手臂的最高点处，用全掌击球的后中下部。击球时，手指和手掌要张开与球吻合，手腕要迅速做推压动作，使击出的球呈上旋飞行。击球后，随着重心前移，手腕推压动作迅速入场。

2．技术分析

（1）准备姿势和发球的取位。

准备姿势：左脚置前，这样便于引臂和身体自然右转。发球的取位应根据对方接发球布阵情况和攻击目标以及发球队员自身的特点来选定，在端线后 9 米宽的区域内，可以站在左右两侧，也可站在中央发球。前后位距要根据个人发球特点和性能变化来确定。

（2）抛球与引臂。

抛球应以手臂上抬、手掌平托上送的动作将球抛在身前 30 厘米处，球离手约 1 米高度为宜。球一定要平稳上抛，不要屈腕，以免球体旋转和偏离上抛垂直线，造成击球不准。抛球过前，会造成手臂推球而不易过网；抛球过后，不能充分发挥转体收腹力量；抛球过高，不易掌握动作节奏和击球时机；抛球过低，不能充分发挥击球的力量和提高击球点。右臂后引时，应有屈肘上抬的动作，要充分拉长胸腹和肩关节前侧的肌肉，便于增加工作距离和击球力量。

（3）挥臂击球。

挥臂时，发力要从两足蹬地开始，上体迅速向左侧旋转，同时收腹，以腰胸带动肩、肩带动上臂、上臂带动前臂、前臂带动手腕，最后将力量传送到手上。

击球时，前臂和手腕动作要稳定，不要左右转动。手腕推压动作的大小，应根据击球点的位置进行调整，击球点高或离身体近时，手腕向前推压的动作要稍大；击球偏前或较低时，手腕向前推压动作要稍小，以免击球出界或入网。

3．技术要领

手托上抛高 1 米，同时抬臂右旋体；转体收腹带挥臂，弧形鞭甩应加速；全掌击球中下部，手腕推压要积极，击出的球要加速上旋。

（二）正面下手发球

正面下手发球是指发球队员面对球网，手臂由后下方向前摆动，在体前腹部高度击球过网的发球方法。特点是动作简单，容易掌握，准确性大。由于击球点低，球速慢，攻击性不强。这种发球方法适合初学者。初学者学习这种技术后，有利于进行接发球练习和教学比赛。

1．动作方法

（1）准备姿势。

面对球网，两脚前后开立，左脚在前，两膝弯曲，上体前倾，左手持球置于腹前。

（2）抛球。

左手将球轻轻抛起在体前右侧，球离手约一球高度，同时右臂伸直，以肩为轴向后摆。

（3）击球。

右脚蹬地，身体重心随着右臂由后向前摆动而前移，在腹前以掌根或鱼际部位击球后下部。击球后，随击球动作重心前移，迅速进场比赛。

2．技术分析

（1）击球手臂应以肩为轴向后摆起，再以肩为轴直臂向前摆动，在击球前手臂不应有屈肘动作，这样有利于加快挥臂速度和控制击球出手角度和路线并加强准确性和攻击性。

（2）手触球时，手指、手腕要紧张，手成勺形，以掌根部位击球。

3．技术要领

左手抛球低出手，右臂摆动肩为轴；击球刹那不屈肘，掌根部位击准球。

（三）侧面下手发球

这种发球动作较简单，容易掌握，可借助转体力量来击球，便于用力，适合于女子初学者。侧面下手发球失误少，但攻击性不强。

1．动作方法

（1）准备姿势。

左肩对网，两脚左右开立，约与肩同宽，两膝微屈，上体稍前倾，重心落在两脚之间，左手持球置于腹前。

（2）抛球。

左手将球平稳上抛于胸前，距身体约一臂远，球离手高度约一个半球；抛球同时，右臂摆至右侧后下方。

（3）挥臂击球。

利用右脚蹬地向左转体的力量，带动右臂向前上方摆动，在腹前用全掌、虎口或掌根击球后下方。击球后，身体转向球网，并顺势进场。

2．技术分析

（1）利用蹬地转体动作带动手臂挥摆，可增加发球的力量，击球手臂应由体侧右下方向斜前上方挥动。

（2）击球点不应超过肩的高度，并注意控制击球出手的角度和路线，球出手仰角大，球飞行就高，仰角太小，则不易过网。

3．技术要领

腹前低抛球，转体带摆臂；击球后下部，控制球路线。

（四）正面上手发飘球

正面上手发飘球是指采用近似正面上手发球的形式，击球力量通过球体重心，使发出的球不旋转而不规则地飘晃飞行的一种发球方法。这种发球使接发球队员难以判断球的飞行路线和落点。由于发球队员面对球网站立，因而便于观察情况和瞄准目标，攻击性和准确性较高，目前在各类水平的比赛中均被男、女队员广泛采用。

1．动作方法

（1）准备姿势。

近似正面上手发球，但左手持球的位置较高，约在胸前。所站位置离端线的距离变化较大，可站在靠近端线处，也可站在离端线 8 米左与处发球。

（2）抛球与引臂。

左手将球平稳地抛在右肩前上方，高度应稍低于正面上手发球，并稍靠前些。在抛球的同时，右臂上举后引，肘部适当弯曲，并高于肩，两眼盯住球的击球部位。

（3）挥臂击球。

与正面上手发球一样做鞭甩动作，但击球前手臂的挥动轨迹不呈弧形，而是自后向前做直线运动。击球时五指并拢，手腕稍后仰，用掌根的坚实平面击球的中下部，使作用力通过球体重心。击球用力要快速，击球面积要小，触球瞬间，手指、手腕要紧张，不加推压动作。击球结束，手臂要有突停动作。

2．技术分析

（1）为了击准球，抛球要平稳且不宜过高。抛球时，左手应将球向上托送一段距离，抛球高度以略高于击球点为宜。

（2）发球仰角的大小，主要根据队员身材的高矮而定。身材高、力量大、爆发力强的队员，发球的仰角应小些；反之，仰角应大些。

（3）发飘球的用力，不要像大力发球那样全身用力，主要靠挥臂动作。动作幅度可小一些，但发力要突然、快速、短促。如果发远距离飘球，动作幅度可相应加大，以获得较大的初速度。击球时，触及面积宜小，力量要集中：短促，手腕不能前屈或左右晃动。

3．技术要领

抛球稍低略靠前，挥臂轨迹呈直线；掌根击球穿重心，击后突停不屈腕。

二、垫球

（一）双手正面垫球

1．动作方法

（1）垫轻球。

① 准备姿势。面对来球，成半蹲或稍蹲准备姿势站立。

② 垫球手型。两手掌根相靠，两手手指重叠，手掌互握，两拇指平行向前，手腕下压，两前臂外翻成一个平面。

③ 垫球动作。当球飞到腹前约一臂距离时，两臂夹紧前伸，插入球下，同时配合蹬地、跟腰、提肩、顶肘、压腕、抬臂等全身协调动作迎向来球，身体重心随着击球动作向前上方移动。

④ 击球点。保持在腹前高度。

⑤ 球触手臂部位和击球部位。用前臂的手腕关节以上 10 厘米左右的两小臂桡骨内侧所构成的平面击球的后下部。

⑥ 击球后动作。在击球瞬间，两臂要保持稳定，身体重心继续协调地向抬臂

方向伴送球。垫击动作结束后，立即松开双臂做好下一动作的准备。

（2）垫中等力量球。

准备姿势、击球点和手形与垫轻球相同。由于来球有一定力量，手臂迎击球动作的速度要放慢，手臂要适当放松，主要靠来球本身的反弹力将球垫起。击球时，要运用蹬地、跟腰、提肩、压腕、向前抬臂的动作击球的后下部。

（3）垫重球。

采用半蹲或低蹲准备姿势，两臂放松置于腹前。击球时，由于来球速度快、力量大，触球后球体自身的反弹力也大，因此不但不能主动用力迎击来球，还应采用含胸收腹的动作，帮助手臂随球后撤并适当放松肌肉，以缓冲来球力量。同时，用手臂和手腕动作来控制垫球的方向和角度。击球的手形和部位，应根据来球的情况而作变动。当击球点稍高并靠近身体时，仍可用前臂垫球；当击球点低且距身体较远时，就要用屈肘翘腕的动作把球垫在手腕部位的虎口处。

2．技术分析

（1）准备姿势的运用要根据不同情况而有所变化。垫击一般的轻球，身体重心可稍高。接扣球和吊球时，应采用半蹲或低蹲准备姿势，两膝的弯曲度和重心的高低应根据来球的高度和角度以及腿部力量大小而定，要求在不影响快速起动的前提下，重心适当降低，这样有利于快速插入球下垫低球，也便于高点挡球。

（2）正面双手垫球的击球点位置应尽量保持在腹前高度，离身体不宜太远或太近。这样便于控制用力，也便于调整手臂角度和垫出球的方向、落点。如果来球高于腰部时，可用高位正垫，垫击球时利用蹬地伸膝提高身体重心，必要时还可跳起在腹前用小臂垫出。

（3）常用的双手垫球手型有三种，分别是叠指式、抱拳式和互靠式。

① 叠指式。

两手掌根相靠，两手手指重叠，手掌互握，两拇指平行向前，手腕下压，两前臂外翻成一个平面。

② 抱拳式。

两手抱拳互握，两拇指平行向前，两掌根和小臂外旋紧靠，手腕下压，使前臂形成一个垫击平面。

③ 互靠式。

两手腕紧靠，两手自然放松，手腕下压，两前臂外翻形成一个垫击平面。

在上述三种垫球手型中，最常用的是叠指式和抱拳式。它们适用范围广，便于初学者掌握，在接发球、接扣球以及接一般球时都可采用。

3．技术要领

两臂前伸插球下，两臂夹紧腕下压；蹬地跟腰前臂垫，击点尽量在腹前；撤臂缓冲接重球，轻球主动抬送臂。

（二）体侧双手垫球

在身体侧面用双手垫球的动作方法称为体侧双手垫球。当来球飞向体侧，队员来不及移动对正来球时，可采用体侧双手垫球。其特点是伸臂动作快，控制范围大，但不易控制垫球方向，准确性不如正面垫球。

1．动作方法

右侧垫球时，先以左脚前脚掌内侧蹬地，右脚向右跨出一步，重心移至右脚，保持两膝弯曲，同时，两臂向右侧伸出，右臂高于左臂，左肩微向下倾斜。击球时，用左转体和收腹的动作，配合提肩抬臂，在身体右侧稍前的位置截住来球，用两前臂垫击球的后下部。左侧垫球时，以相反方向的动作击球。

2．技术分析

体侧垫球的击球点应在体侧前方，双臂要抢先在体侧稍前的位置截击来球，不能当球飞到体侧时再摆臂去击球，这样容易造成球触手后向侧方飞出。垫球时，要注意调整和控制好两臂组成的垫击面，将球准确地垫向目标。

3．技术要领

向侧跨步侧前伸臂，向内转体提肩击球。

（三）背向双手垫球

背对垫球目标，从体前向背后双手垫球的动作方法称为背向双手垫球。一般在接应同伴起球后，球飞得较远而又无法正面垫球时，以及须将球处理过网时运用较多。其特点是垫击点较高，准确性稍差。

1．动作方法

背向垫球时，要判断好来球的方向，快速移动到球的落点处，背对垫出球的方向，两臂夹紧伸直。击球时，用蹬地、抬头、挺胸、展腹和上体后仰的动作带动两臂向后上方摆动抬送，以前臂触球的前下方，将球向后上方击出。背垫的击球点一般应在肩前上方。

2．技术分析

（1）背向垫球时，应根据垫球目标的远近和高低变化击球点的高度。如要垫出高远球时，可适当降低击球点；要垫出平弧度球时，应升高击球点。在无法调整击球点高度时，可利用腰部和手臂的动作来控制出球的高度和距离。若遇低远的来球，需要向后上方高处垫出时，可采用屈肘屈腕的动作，以腕部虎口处将球向后上方垫起。

（2）由于背垫球时背对垫球的目标，不利于观察场上的情况和垫出球的方向落点，因此要特别强调垫球时的方位感觉，判断好球、网、目标三者之间的位置关系，才能提高准确性。

3．技术要领

蹬挺抬仰两臂摆，背对目标肩上击。

三、传球

（一）正面传球

面对目标的传球称为正面传球。它是传球中最基本的方法，是掌握和运用其他各种传球技术的基础。

1．动作方法

（1）准备姿势。

采用稍蹲准备姿势，上体稍挺起，仰头看球，两手自然抬起，屈肘，放松置于额前。

（2）迎球动作。

当来球接近额前时，开始蹬地、伸膝、伸臂，手指微张从脸前向前上方迎出。全身各部位动作应协调一致。

（3）击球点。

在额前上方约一球距离处。

（4）手型。

手触球时，十指应自然张开使两手成半球状，手腕稍后仰，以拇指内侧、食指全部、中指的二、三指节触球的后下部，无名指和小指在球两侧辅助控制球的方向。两拇指相对近似于"一"字形。

（5）用力方法。

在迎球动作的基础上，在手和球即将接触前，手腕和手指要有前屈迎球的动作，当手和球接触时，各大关节应继续伸展，最后用手指、手腕的弹力将球击出。

2．技术分析

（1）击球点。

初学传球时，击球点应尽量保持在前额的正前上方约一球距离处。其优点是：在观察来球的同时也能看清手和传球的目标，有利于对准球和控制传球方向；便于全身协调用力，击球点与两肩保持相等的距离，有利于提高传球的准确性和稳定性；肘关节尚有一定弯曲度，便于继续伸臂用力，有利于变化传球的方向。如击球点过高或太靠前，则两臂已伸得太直，不利于向前上方发力做伴送动作；若击球点过低，则不利于运用全身的协调力量。

（2）手指、手腕的击球动作。

手指、手腕灵巧的击球动作是传球技术的难点，也是进一步提高控球能力的关键。手指、手腕屈伸动作的大小和紧张度对传球的质量影响很大。触球前，手指、手腕配合其他关节应有一个前屈的迎球动作，其动作要小，但要做得及时，动作顺序应由手腕的前屈带动手指的前屈。传球时，手指、手腕应根据来球的速度和传球的距离，保持适当的紧张度。在一般情况下，来球轻时，手指、手腕的迎球动作应柔和些；来球重时，手指、手腕要紧张些，用力也应大些。

（3）全身协调用力。

传球主要是靠伸臂和指腕的反弹力，配合蹬地的力量将球传出。传球的动作从下肢蹬地到手指击球，由下而上要连贯协调，一气呵成。如果全身力量不协调一致，单纯以手臂和手指、手腕动作来传球，或是全身用力不连贯，有脱节现象，或用力与传球方向不一致，将直接影响传球效果。所以，初学者必须养成蹬地、展体、伸臂用全身协调的伸展动作来击球的习惯，并在这一基础上不断提高手指、手腕的控球能力和技巧。

3．技术要领

蹬地伸臂对正球，额前上方迎击球；触球手型成半球，指腕缓冲控制球。

（二）背传

背对传球目标的传球称为背传。背传是传球技术中的一种基本方法，在比赛中运用较多。

1．动作方法

（1）准备姿势。

上体比正面传球时稍后仰，双手自然抬起置于额前。

（2）迎球动作。

抬臂、挺胸、上体后屈。

（3）击球点。

在头上方，比正面传球偏后。

（4）手型。

与正面传球相同，但触球时手腕要稍后仰，掌心向上，拇指托在球下，击球的下部。

（5）用力方法。

利用蹬腿、展体、抬臂、伸肘和手指、手腕的弹力，把球向后上方传出。

2．技术分析

（1）背传时，下肢蹬地的方向接近与地面垂直，通过展体、挺胸、抬头的动作，使抬臂、伸肘、送肩的协调用力方向偏向后上方。因此，背传的击球点应保持在头上方的位置，这样更便于向后上方用力。

（2）由于背传是与正面传球完全相反的方向将球传出，因此，传球时手腕要始终保持后仰，手指、手腕应向后上方抖动用力，其中拇指用力更多些。

（3）由于背传时看不到传球的目标，因此，传球前必须先观察判断好传球的方向和距离，尽量使背部对正传球目标。同时，要重视培养队员良好的方位感觉。

3．技术要领

上体稍直臂上抬，掌心向上腕后仰；背部对正目标处，协调传球后上方。

（三）侧传

身体侧对传球目标的传球称为侧传。侧传的准备姿势、手型及迎球动作同正面传球，但击球点应偏向传出方向一侧。迎球时，通过下肢蹬地使身体重心向上伸展，上体和双臂向传球方向一侧伸展。异侧手臂动作的幅度要大些，伸展的速度也应快些，以双臂和上体侧屈的协调动作将球传出。

第二节　排球运动进攻技术

一、扣球技术

（一）正面扣球

正面扣球是扣球技术中最基本的一种方法。由于面对球网，便于观察，故准确性较高。加之正面扣球挥臂动作灵活，能根据对方防守情况，随时改变扣球的路线和力量，控制落点，因而进攻效果较好。初学者必须掌握好正面扣球技术后，再学习其他扣球技术。现以两步助跑、右手扣球为例来分析其动作方法和技术要领。

1．动作方法

（1）准备姿势。

扣球助跑前采用稍蹲姿势，两臂自然下垂，站在离网 3 米左右处。身体转向来球方向，观察来球，做好向各个方向助跑起跳的准备。

（2）助跑。

助跑开始时，左脚先向前迈出一步，紧接着右脚再快速跨出一大步，左脚及时并上，踏在右脚之前，两脚尖稍向右转。两臂绕体侧向上引摆。

（3）起跳。

在助跑跨出最后一步（即第二步），左脚并上踏地制动的同时，两臂自后向前积极摆动，随着双脚蹬地向上起跳，两臂配合起跳有力地向上摆动。

（4）空中击球。

起跳后，挺胸展腹，上体稍向右转，右臂向后上方抬起身体成反弓形。挥臂时，以迅速转体、收腹动作发力，依次带动肩、肘、腕各部位关节向前上方成鞭甩动作挥动。击球时，五指微张，以掌心为主，全掌包满球，在手臂伸直最高点的前上方击球的后中部，同时主动用力屈腕、屈指向前推压，使扣出的球呈上旋状。

（5）落地。

落地时，以两脚前脚掌先着地再迅速过渡到全脚掌着地，同时顺势屈膝、收腹，以缓冲下落的力量，并立即做好下一个动作的准备。

2．技术分析

（1）助跑。

助跑的目的，一是为了接近球，选择恰当的起跳点；二是利用助跑的水平速度配合起跳，起到增加弹跳高度的作用。

① 步法。

助跑的步法种类很多，有一步、两步、三步和多步法；有向两侧的跨跳步和并步法；有原地踏跳步和后撤步等。步法的运用要因球而异，因人而异，力求灵活，适应性强。但无论采用几步助跑，第一步要小，最后一步应大。现以两步助跑、右手扣球为例，分析助跑的步法：

第一步：以左脚向来球的落点方向自然迈出，其主要作用是确定助跑方向。第一步应小，但要对正上步的方向，使静止的身体获得向前起动的速度，故有方向步之称。

第二步：步幅要大，步速要快，使支撑点落在身体重心之前，身体后倾，重心自然后移和降低，从而有利于制动。第二步即最后一步，要以右脚的脚跟先着地，再过渡到全脚掌着地，这样有利于制动身体的前冲力，增加腿部肌肉的张力，提高弹跳高度。这一步起着调整身体与球的距离、决定起跳点的重要作用。

② 助跑的路线。

由于二传来球的落点不同，扣球队员助跑的方向和路线也不相同。以 4 号队员扣球为例，其主要的助跑路线有三种：扣集中球采用斜线助跑，扣一般球采用直线助跑，扣拉开球采用外绕助跑。

③ 助跑的时机。

由于二传来球的高度和速度不同，扣球队员必须掌握不同的起动时机。二传球低或传球速度快时，起动要早一点，球高则要晚一点。同时，扣球队员还要根据个人动作特点来确定助跑起动的时机，动作慢的队员要早一点起动，动作快的队员则应晚一点起动。助跑起动过早或过晚，都会影响起跳扣球的质量。

④ 助跑的制动。

最后一步既是制动步，又是起跳步，起着制动和起跳两方面的作用。助跑最后一步，双脚落地有三种方法：第一种，由支撑脚的脚跟先着地，过渡到全脚掌蹬地起跳，动作幅度大，这种落地方法制动效果好，有利于增加垂直起跳高度；第二种，由前脚掌着地迅速蹬地起跳，这种落地方法起跳动作快，有利于加快起跳速度，争取起跳时间和向前上方冲跳的高度；第三种，由全脚掌着地蹬地起跳，这种落地方法身体重心较稳定，踏跳有力。

（2）起跳。

① 起跳的步法。

助跑的最后一步称为起跳步，它既是助跑的结束步法，又是起跳的准备动作。常用的起跳步法有两种：一种是并步起跳，即一脚跨出一大步后，另一脚迅速向前并步，随即蹬地起跳。这种方法便于调整起跳时间，适应性强，制动效果好，身体重心易保持稳定，但对起跳高度稍有影响。另一种是跨跳步起跳，即一脚跨出一大步的同时，另一脚也跟着跨出去，双脚有一个腾空的阶段，两脚同时着地，蹬地起跳。这种方法能利用人体下落的重力加速度，增加弹跳高度，但不利于加快助跑速度，易影响起跳节奏，不利于快攻起跳。

② 起跳的位置。

一般应选择在距离球一臂之远的位置起跳。这样才能保持好身体和球合理的位置关系，便于充分发挥全身的协涮力量，保持较高的击球点。

③ 起跳的摆臂。

起跳时的手臂摆动一般有两种方法：一种是划弧摆臂，方法是以肩关节为轴，两臂经体侧向后再向前仁方划弧摆动。这种摆臂可根据需要来变化划弧的大小，动作连贯协调，便于调整摆臂速度和节奏，适应性强，运用较普遍。另一种是前后摆臂，方法是两臂由体前先向后摆动，然后再由后向前上方直接摆动，这种摆臂振幅较大，摆动较有力，有利于提高弹跳高度。但因动作大，使空中的转体动作不便，对及时快速起跳有影响。

（3）空中击球。

① 挥臂方法。

当起跳身体腾空后，左臂摆至身体前方，协助保持上体的空中平稳。此时，击球手臂应屈肘置于头侧，肘高于肩，身体成反弓形。挥臂前合理的屈肘动作，可以缩短挥臂时以肩为轴的转动半径，减少转动惯量，提高挥臂的初速度。随之边挥臂边伸肘，加长转动半径，增加挥臂的线速度。在挥臂转动的角速度不变的情况下，上臂甩得越直，挥动半径越大，线速度也越快，扣球就越有力。这种挥臂方法，既能扣高弧度球，也能扣低、平弧度球，适应范围较广。

② 击球动作。

击球时，要求击球的手有巨大的动量和速度，而扣球中全身协调的击球力量是由于手臂的鞭打式动作，通过手腕的甩动和加速，最后由全手掌作用于球体的。只有用全手掌击球，手腕关节才能很好地参与整个鞭打动作，传递并加大击球的力量。

③ 击球点。

扣球的击球点应在起跳最高点和手臂甩直的最高点的前上方。手臂与躯干的夹角约为 164°，也可利用击球点附近的垂直空间和水平空间来扩大击球范围，增加扣球路线和角度的变化。一般近网扣球的击球点应略靠前，远网扣球的击球点应保持在头的上方。

3. 技术要领

助跑节奏慢到快，一步定向二步跨；后步跨上猛蹬地，两臂配合向上摆；腰腹发力应领先，协调挥臂如甩鞭；击球保持最高点，全掌包球击上旋。

（二）单脚起跳扣球

单脚起跳扣球是指助跑的最后一步以单脚踏地，另一只脚直接向前上方摆动帮助起跳的一种扣球方法。这种扣球在现代排球比赛中由于各种冲跳扣球的大量采用，使其有了更新的发展前景。单脚起跳由于第二只脚不再落地而直接上摆，且起跳腿下蹲较浅，因而它比双脚起跳动作快 0.2 秒左右。还由于它能充分利用助跑速度，加上右腿积极上摆的协调动作，比双脚起跳冲得更远，跳得更高。所以它既能高跳扣定点高球，又能追球起跳扣低弧度球，有利于控制时间和空间，兼有位置差和空间差的特点，这对突破和避开拦网有较大作用。单脚起跳扣球可采用一步、二步或多步助跑。助跑的路线与球网的夹角宜小，以免造成前冲力过大而碰网或过中线犯规。助跑到最后，以左脚向扣球点位置跨出一大步，身体重心稍后倾，在右脚向上摆动时，左脚用力蹬地起跳，两臂积极配合上摆，起跳后的扣球动作与正面扣球基本相似。

二、扣球进攻技术的运用

（一）近网扣球

击球点距网 50 厘米左右的扣球称为近网扣球。这种扣球的特点是击球点高，路线变化多，威力较大，但易被对方拦网。起跳后，抬头挺胸，但上体不宜后仰过大，手臂后拉幅度应稍大。主要利用猛烈的含胸动作发力，以肩为轴，向前挥动手臂，以上臂带动前臂，加强屈肘和甩腕动作，以全掌击球的后中上部。为了防止触网，手击球后，整个手臂要顺势收回。

（二）远网扣球

击球点距网 1.5 米左右的扣球称为远网扣球。这种扣球可以加大上体和扣球手臂的振幅，充分利用收腹、收肩动作，扣球力量大。由于距网较远，扣出的球角度较平，对方不易拦网。起跳后，抬头挺胸，上体后仰，身体成反弓形，击球点保持在右肩的上方最高点，用全掌击球的后中部。击球瞬间，手腕要有明显的推压动作，使球急速上旋飞入对方场区。

（三）调整扣球

扣从后场区调整传到网前的球称为调整扣球。由于后场区调整传球的方向、弧度、落点不同，要求扣球队员灵活地运用各种助跑起跳方法（如多步、一步、原地踏跳、倒跨步、后撤步等），调整好人与球的距离，采用不同的击球手法，控制扣球的力量、路线和落点。在助跑时应侧身看球。若球与网夹角小，应后撤斜线助跑；若球与网夹角大，则应外绕助跑。

（四）后排扣球

后排扣球是指后排队员在进攻线后起跳冲跳至 1.5～2.5 米的扣球，其目的是缩短击球点与球网的垂直距离，以保证扣球的威力。后排扣球时，必须加强和二传队员的配合，掌握好起跳时机和起跳点，脚不能踩及进攻线。

（五）扣快球

1．扣近体快球

扣球队员在二传队员体前或体侧约一臂距离处扣的快球叫近体快球。这种快球一般在一传到位而靠近网的情况下进行，动作方法与正面扣球大致相同，特点是二传距离短、速度快、节奏快，因而实扣效果和掩护作用好。助跑路线宜与球网夹角保持 45°～60°。助跑起动时间较早，跑速要快，一般是随一传球同时跑到网前，也可早于一传助跑。在二传队员传球出手时或出手前瞬间快速起跳。要浅蹲快跳，以便于加快起跳速度，跳起在空中等球。击球手臂后引动作要小，主要利用含胸、收腹的动作，带动前臂和手腕快速鞭打式挥动，用全掌击球的后上部。

2．扣短平快球

在二传队员体前 2～3 米处，扣二传队员传来的快速平弧度球，称为扣短平快球。由于这种球飞行速度快、弧度平，因而进攻节奏快，进攻区域宽，有利于避开拦网。扣短平快球一般采用外绕弧形助跑或正对网的直线助跑，与二传队员传球出手同时起跳。起跳后，左肩侧对球网，当球飞行至击球点时，截住球的飞行路线，利用迅速的含胸动作带动前臂和手腕加速挥动，以全掌击球的后上部。根据对方拦网的位置，还可提前或错后击球。

3．扣背快球

在二传队员背后约 50 厘米处扣的快球称为扣背快球。其扣球方法与扣近体快球相同。但因二传队员看不见扣球队员助跑起跳的情况，需要扣球队员主动配合，去适应二传。

4．扣背平快球

在二传队员背后 2 米左右处扣背传来的快速平弧度球，称为扣背平快球（又称背溜）。这种扣球的特点与扣短平快球相似，击球点一般在 2 号位标志杆附近。

5．扣 4 号位平拉开球

指在 4 号位标志杆附近，扣二传队员在 2 号位、3 号位之间近网传过来的快速平弧度球。这种扣球速度快，进攻区域宽，有利于摆脱对方的集体拦网。在二传队员传球前，4 号位队员就要开始作外绕助跑，待二传队员传球出手后，扣球队员即在标志杆附近起跳，截击来球。扣球动作与短平快相同，但不能提前挥臂，要看准来球后再挥臂击球。这种扣球既可跳起前冲截打小斜线球，也可等球飞到标志杆附近后再作正面扣斜线或直线球。

（六）自我掩护扣球

1．时间差扣球

队员利用起跳时间上的差异来迷惑对方拦网的扣球方法，称为时间差扣球。这种扣球要求扣球队员按快球的节奏助跑摆臂，但在踏跳时并不跳离地面，只是做一个起跳的假动作，诱使拦网队员跳起拦网。待拦网队员跳起下落时，扣球队员立即原地起跳扣半高球。时间差扣球可运用于近体快、背快、短平快、背平快等扣球中。这种扣球的佯跳动作要逼真，实跳时动作要协调。

2. 位置差扣球

队员利用起跳位置的差异摆脱拦网的扣球方法，称为位置差扣球，或称"错位"扣球。常用的位置差扣球有 4 种：短平快向 3 号位错位扣球，近体快向 2 号位错位扣球，近体快向 3 号位错位扣球，背快向 2 号位错位扣球。不论采用哪种位置差扣球，都是以快球作为掩护，再错位扣半快球（或小弧度球）。位置差扣球要做到：助跑起跳的假动作要逼真；变向跨步再起跳的动作幅度要小，速度要快，动作要连贯。

3. 空间差扣球

扣球队员利用冲跳动作，使身体在空中有一段移位的距离，把起跳点和击球点错开的扣球方法称为空间差扣球，又称空中移位扣球。目前，常用的空间差扣球有前飞、背飞、拉三、拉四等。

（1）前飞。

队员佯打短平快球，突然改用向前冲跳，"飞"到扣近体快球的击球点上扣半快球。采用角度较小接近顺网的助跑路线，最后一步右脚全脚掌先着地，只做轻微的制动，使身体重心继续前移，随之左脚在右脚前方 60~80 厘米处着地。起跳时，右脚应先发力蹬离地面，继而左脚再用力向后下方蹬离地面。两臂由后经体侧向前上方用力摆动。当身体在空中向前移位接近球时，右臂上摆与肩齐平，小臂后引，利用向左转体和收腹动作，带动手臂挥动击球。

（2）背飞。

在扣近体快球的位置上冲跳，"飞"到二传身后 1~1.5 米处扣背传的平弧半快球，称为背飞扣球。背飞扣球的技术方法与前飞扣球相同，但起跳点应在二传队员体侧，起跳后身体在空中与球同方向飞进，形成跟踪追球。在一般情况下，可"飞"至 2 号位标志杆附近击球。击球时，上体向左转动带动手臂挥动，以全掌击球的后上部。

（3）拉三。

队员在扣近体快球的位置上助跑，二传队员向 3 号位传距离稍大一点的球，扣球队员侧身向左起跳追球，在左前方扣快球，称为拉三扣球。

（4）拉四。

队员在扣短平快球的位置上起跳，二传队员向 4 号位传稍拉开一点，扣球队员侧身向左起跳追球，在左侧前方扣短平快球，称为拉四扣球。

（七）扣球技术在运用中的变化

1．转体扣球

在起跳或击球过程中，改变上体方向的正面扣球称为转体扣球。转体扣球与正面扣球的动作方法大致相同，主要区别是将击球点保持在左侧前上方。击球时，队员在空中利用向左转体和收腹的动作带动手臂向左挥动，以全手掌击球的右侧上部来改变扣球的方向。

另一种转体方法是在助跑制动起跳前，身体就完成了转体动作。这种方法多用于向右转体扣球，其隐蔽性和突然性不及空中转体扣球。

2．转腕扣球

扣球队员在击球时，突然利用肩、前臂和手腕的转动动作来改变扣球的路线的动作方法称为转腕扣球。

（1）向外转腕扣球。

扣球时，起跳动作与正面扣球相同，但击球点应保持在右肩前上方。击球时，右肩上提并稍向右转，前臂向外转，手腕向右转并甩动，同时上体和头部向左偏斜，以全手掌击球的左侧上部，击球时肘关节应伸直以加快挥臂的速度。这种扣球在前排三个位置都可运用。

（2）向内转腕扣球。

扣球时，击球点应保持在头的左前上方，前臂内转，手腕向左甩动，以全手掌击球的右侧上部。这种扣球主要用于 2 号位和 3 号位扣斜线球。

3. 打手出界

打手出界是指扣球队员有意识地使扣出的球触及拦网队员的手后飞出界外的扣球方法。当球传到两侧标志杆附近上空时，4号位、2号位队员在击球瞬间，可运用向内或向外转腕的动作，击球的后侧上部，使球触及拦网者外侧手后飞向界外。当球传在3号位近网上空时，也可利用转体或转腕动作，向两侧挥臂击球，造成打手出界。

此外，远网球亦可采用打手出界的方法。除对准拦网者外侧手的外侧部位击球外，还可将球扣在拦网者的手指尖上造成出界。扣这种球时，扣球队员要对准拦网者的手指部位用力向远处击出平冲球，使球触及对方手指后飞向端线外。

4. 超手扣球

超手扣球是指利用自己的身高和弹跳优势，将球从拦网者手的上空击入对方场区的一种扣球方法。扣球时，队员应充分利用助跑起跳，来增加弹跳高度，保持好较高的击球点。利用收胸动作带动挥臂。击球时，肩应尽量上提，手臂向上充分伸直，并利用小臂加速挥动和甩腕动作，在右肩前上方，以全手掌击球的后中上部，使球从拦网者手的上方呈上旋长线飞出。

5. 轻扣球

轻扣球是指扣球队员佯作大力扣球，而在击球前瞬间突然减慢手臂挥动速度，将球轻轻击入对方空当的一种扣球方法。轻扣球的助跑、起跳、挥臂动作应与重扣球一样逼真，但在击球前瞬间手臂挥动速度突然减慢，手腕放松，用全掌包满球，轻轻向前上方推搓，使球从拦网者手上呈弧线落入对方空当。

第三节　排球运动防守技术

一、拦网技术

（一）单人拦网

1. 动作方法

（1）准备姿势。

队员面对球网，两脚左右开立，约与肩同宽，距网 30～40 厘米，两膝微屈，两臂屈肘置于胸前。

（2）移动。

常用的步法有一步、并步、交叉步、跑步等。无论采用哪种移动步法，都要做好制动动作，以避免向上起跳时触网和冲撞同队队员。

（3）起跳。

原地起跳时，两腿屈膝，重心降低，随即用力蹬地，两臂以肩发力，在体侧近身处，做划弧前后摆动，帮助身体迅速跳起。移动后的起跳，其起跳动作与原地起跳一样，但要注意制动并使移动与起跳动作紧密衔接接。

（4）空中动作。

起跳时，两手从额前沿球网向上方伸出，两臂伸直并保持平行，两肩上提。拦网时，两臂应伸过网去接近球。两手自然张开，屈指、屈腕成半球状，当手触球时，两手要突然紧张，手腕下压盖在球的前上方。

（5）落地。

拦球后，要做含胸动作，以保持身体平衡。手臂要先后摆或上二提，从网上收回至本方上空，再屈肘向下收臂，以免触网。与此同时屈膝缓冲，双脚落地，随即转身面向后场，准备接应来球或做下一个准备动作。

2．技术分析

（1）拦网队员的选位。

在拦网的预判阶段，拦网队员站位可离网稍远些，约距网 50 厘米。一旦判定对方扣球位置或助跑最后一步制动时，起跳点距网应近些，这样向上起跳，可提高拦网高度，避免漏球。一般情况下，2 号位、3 号位队员站在离边线 1.5 米处，3 号位队员居中。但当对方以中路跑动进攻战术为主时，2 号位、4 号位队员应相对靠近中间站位，离边线 2 米～2.5 米处，若对方以近体快或真假交叉进攻结合拉开战术时，4 号位、3 号位队员应稍靠近中间站位，而 2 号位队员则应靠近边线站位。

（2）拦网队员的移动。

拦网的移动方向主要是向两侧和斜前方。移动时采用的步法可归纳为："前一步、近并步、中交叉、远跑步。"

① 一步移动。

为了提高弹跳高度或运用重叠拦网，在准备拦网时，站位可在离网一步远的距离，这样就便于向前或斜前方做一步助跑起跳，但须做好制动动作，保证垂直向上起跳。

② 并步移动。

一般在向两侧近距离移动时采用。其特点是能保持面对球网，便于观察，也便于随时起跳，但移动速度较慢。

③ 交叉步移动。

一般在中距离移动时采用。其特点是移动速度快，制动能力强，控制范围大。注意交叉步移动后，两脚着地时，脚尖应转向球网。

④ 跑步。

一般在移动距离较远时采用。特点是移动距离远、速度快，但对制动要求高。如向右侧跑动时，身体先向右转，顺网跑至起跳位置时，应先跨出左脚（内侧脚）制动，接着右脚再向前跨出一步，使两脚平行站立，脚尖转向球网，随即起跳。若脚尖来不及转向球网，应在起跳过程中边跳边转身，保证跳起后能面向球网进行拦网。为了提高拦网高度，可以将助跑与起跳衔接起来成为助跑起跳。

（3）拦网的起跳。

① 起跳的位置。

在正确判断对方扣球路线的情况下，拦网队员应选择能拦住对方主要进攻路线的位置起跳。在拦一般球时，应迎着对方助跑路线起跳；拦近体快球时，选择在二传队员和扣球手之间起跳；拦短平快球时，应根据扣球者的助跑路线选择距二传手 2～3 米处起跳；拦拉开球时，应选择距边线 50～80 厘米处起跳；拦后排队员扣球时，应选择对方队员扣球点与本方场区两底角连接线所形成的夹角中央位置起跳。

② 起跳的时间。

掌握正确的起跳时间，是拦网成功的基础。拦网队员的起跳时间，应根据二传球的高度、离网的远近、扣球者的起跳时间和扣球动作的特点而定。如果二传是远网高球，起跳应迟些；如果是近网低球，起跳应早些。一般情况下，拦网者应比扣球者晚跳。但如果是拦快球，拦网者应与扣球者同时起跳。

③ 起跳的动作。

拦网起跳前，要充分利用手臂的摆动来帮助起跳，如来不及，可在身体前划小弧用力小摆，以带动身体垂直上跳。一般拦快球采用快速起跳方法，做到浅蹲快跳，以小腿发力为主；拦高举强攻球时，宜采用深蹲高跳方法。

（4）拦网的方法。

① 伸臂动作。

拦网击球时，两臂应尽量伸直，两肩尽量上提，前臂要靠近球网，两手间距离应小于球体的直径，以防止漏球。伸臂动作要适时，过早伸臂容易被打手出界或者被对方避开，过晚则不易及时阻拦扣球。一般在对方扣球瞬间伸臂较好。

② 拦球动作。

拦网击球时，两手应主动用力盖帽或捂球，使球反弹角度小，对方保护困难。为了防止对方打手出界，2 号位、4 号位队员的外侧手掌应稍向内转。拦远网球时，为了提高拦网点，可不采用压腕动作，而是尽量向上伸直手臂和手腕。如对方击球点高，不能罩住球时，可采用手腕后仰的方法，堵截扣球路线，将球向上拦起。

3．技术要领

判断移动及时跳，两臂摆动伸网沿；提肩压腕张手捂，眼看扣球拦路线。

（二）双人拦网

由前排两名队员互相靠近，同时起跳组成的拦网，称为双人拦网。双人拦网是集体拦网的一种，也是比赛中最常用的一种拦网形式，主要在对方大力扣球时采用。拦网的技术动作与单人拦网相同。

双人拦网时，应以一人为主拦队员，另一人为配合队员。但主拦队员不是固定的，一般情况下，距对方扣球点近的队员为主拦队员。主拦队员必须抢先移动到对正扣球点的位置，做好起跳准备，配合队员则迅速移动靠近主拦队员准备同时起跳。两队员之间的距离一定要合适，距离太远，跳起后将出现"空门"；距离太近，起跳时容易互相干扰，致使双方都跳不高。双人拦网起跳时，两人的手臂应该在体前划小弧向上摆伸，都要尽量垂直向上起跳，并防止互相碰撞或干扰。手臂在空中既不能重叠，造成拦击面缩小，又不能间隔太宽，造成中间漏球。扣球靠近边线时，靠边线近的拦网队员外侧的手应适当内转，以防打手出界。

（三）三人拦网

三人拦网是集体拦网的一种形式，一般在对方扣球进攻力强、路线变化多，而且很少轻扣和吊球时才采用。三人拦网的动作方法与双人拦网相似。其关键在于迅速移动，取位恰当，配合密切。无论对方从哪个位置进行扣球，一般都以 3 号位队员为主拦队员，2 号位、4 号位队员为配合队员。此时，另两名配合队员应及时移动去靠近主拦队员，同时起跳。要注意彼此的配合，防止造成起跳伸臂先后不一、互相干扰等现象的产生。由于三人拦网配合的要求较高，后排防守力量减弱，故要有针对性地采用。

二、拦网技术的运用

（一）拦强攻扣球

强攻扣球的特点是击球点高、力量大、路线变化多。在比赛中一般都是采用双人（或三人）拦网来应对强攻扣球。拦强攻扣球要求拦网队员慢起高跳，充分发挥高度，手尽量伸到对方场区的上空去，扩大有效的拦击面。

1．拦集中球

集中球的击球点在离标志杆以内一段距离的区域内。拦集中球的近网和远网球时，拦网者应以拦斜线为主，兼顾直线，当发现对方改变扣球路线时，要随即改换手法进行拦截。

2．拦拉开球

拉开球的击球点多在标志杆附近的上空，应尽量组织集体拦网。如球的落点在标志杆处时，只要拦其斜线和小斜线。如果球的落点在标志杆以内，外侧队员应拦其直线，在拦击球瞬间，外侧手的手腕应向内转，以防打手出界。

（二）拦快球

快球有许多种，但近体快球和短平快球是快球中最基本和最有代表性的两种。掌握了拦这两种快球的方法后，对拦其他的快球，只要判断准确、移动及时、应变能力强，就可以拦好。

1．拦近体快球

近体快球的特点是速度快，弧度低，击球点靠近球网。由于速度快，难以组成集体拦网，一般是采用单人拦网。拦网时，拦网队员应与扣球队员同时起跳或稍早一点起跳。起跳后，要正对扣球队员，两手伸过球网接近球，力争手把球罩住，使其无法改变扣球路线。

2．拦短平快球

短平快的二传球是顺网平弧快速飞行，拦网时，要做到人球兼顾，重点是根据扣球人的助跑路线和起跳位置取位和掌握起跳时间。一般应对正扣球人的起跳点，与扣球人同时或稍早起跳。起跳后，要快速向对方场区上空伸臂，两手靠近球，堵其主要扣球路线。

（三）拦打手出界球

拦打手出界的扣球时，靠近边线拦网队员的外侧手在拦击球的刹那，手掌应转向场内，以防打手出界。若遇对方有明显的打手出界或扣平冲球的动作对，拦网者应及时将手收回，造成对方扣球出界。

（四）拦远网扣球和后排扣球

远网扣球和后排扣球，击球点离网较远，扣球的过网区比近网扣球要宽，加上拦网者的手无法靠近击球点，因此，拦网的难度比拦近网扣球要大，应尽量组成集体拦网。拦网时，手要尽量向高处伸，堵截其主要的扣球路线。此外，拦这种扣球的关键是要掌握好起跳的时间和选择正确的起跳位置。一般情况下，应在对方击球的一瞬间起跳（扣球点离网较远时，起跳还应稍迟些）；单人拦网时，应在正对其主要扣球路线的位置起跳；集体拦网时，主拦队员在选择起跳位置时应留出一定的位置让同伴与自己配合进行拦网。

第四节　以学校运动队建设带动校园排球发展

一、建设学校排球运动队的意义

（一）排球队的建立是普通高校体育文化发展的有机构成

校园体育文化是以学生为主体，以课外体育文化活动为主要内容，以校园为主要空间，以校园精神为特征的一种群体文化。校园文化是社会文化的一部分，它的形成和发展受到社会政治情况、竞技体育发展情况、社会文化以及校园精神教育等要素的影响。作为一种精神文化，校园体育文化体现着高校学生的精神风貌和精神追求，体现了高校师生积极向上的学习态度和工作态度，是一种宝贵的校园精神财富。校园体育文化代表了一种健康的文化氛围，象征着克服一切困难，勇往直前的决心和毅力，对学生的发展具有重要的影响。校园体育文化虽然具有非常积极、正面的影响，但是其形成必须依托校园体育的发展，并且需要对普通校园文化进行提炼和升华。

加强普通高校的体育文化建设，不仅是我国校园文化建设的重要手段，也是我国国民体育发展和普及的重要措施。校园体育的发展和校园体育文化的形成不仅能够有效地普及各种体育运动和健身项目，起到增强民族体质的作用，同时也可以有效地为我国竞技体育的发展提供充足的后备人才，为我国竞技体育的发展插上翅膀。排球运动作为三大球类运动项目之一，具有极强的竞技性和团队合作性，我国女排曾经辉煌的历史成就激励着国人，因此发展排球运动、普及校园排球具有深厚的历史基础和现实意义。

高校校园排球队的成立主要有以下几个方面的作用：

第一，丰富学生的校园文化生活，使学生在紧张的生活和学习工作之余，能够通过排球运动来缓解身心的疲惫和压力提升。

第二，以校园排球运动队来带动校园排球运动的开展，使这一运动在学生群体当中流行起来，进而通过学生将排球运动推广到全社会，带动排球运动在全社会范围的发展。

第三，校园排球队的成立，使学生对排球运动的认识更加深入，并且在激烈的排球比赛中对排球运动产生浓厚的兴趣，促进排球运动的发展，将竞技排球与群众排球联系起来。

（二）排球队伍建设是高校体育教育体系的重要组成部分

随着我国经济的发展，我国在体育领域取得了举世瞩目的成绩，在奥运会上屡创佳绩。在蒸蒸日上的体育事业影响下，我国校园体育迅速发展，各高校为了促进校园体育文化的繁荣，积极组织各种专业运动队，并积极参与到区域性或者全国性的大学生体育竞赛当中。在体育专业院校，借助自身体育专业生的优势组建了不同级别的男女专业运动队，并涌现出了一批优秀的专业运动员。在 2003 年的新课改方案当中，排球与足球、篮球一起并称为"球类"，成为普通高等院校必修的体育课程之一，促进了排球运动在我国高校的开展与普及，为我国的排球运动发展做出了卓越的贡献。

我国各级专业体育院校具有优秀的排球运动员选材库，同时高等专业体育院校还拥有一批经验丰富的教练员，在专业体育院校内的排球运动员能够得到高水平的专业培养，提高了我国校园排球竞技比赛的水平。体育院校与专业运动队的最大差异在于高校能够依托教育资源和教育优势，对运动员和学生进行系统的文化教育，极大地提升了运动员的综合素质，为运动员未来的专业发展和个人发展创造了更多的机会。高校是我国各种基础体育设施非常齐全的组织机构，高校开展排球运动，组建专业排球运动队能够充分利用学校的体育基础设施，促进校园排球运动的竞技水平。在高校开展排球运动，组建专业排球运动队也将得到广大排球爱好者欢迎，在高校一些具备排球基础的学生能够在大学期间充分挖掘自己的运动潜能，丰富自己的大学生活，在不断的比赛和训练中磨炼意志，开阔视野，为今后他们走上工作岗位、做好本职工作打下良好的好基础。

（三）普通高校排球队是提升我国竞技排球后备力量的重要途径

校园排球队伍的发展和壮大，需要大学生积极地参与，校园排球竞技水平的提升，需要专业的教练员和训练设备，校园排球队伍的成熟需要各种比赛的磨炼和印证。从目前来看，我国排球运动管理中心、文化部、体育协会以及各级排球运动管理组织每年都会组织各种级别的排球比赛，丰富我国排球竞赛体系，为广大排球爱好者和排球队伍提供更多的参赛机会。经过多年的摸索，我国高校排球运动的发展已经取得了一定的成绩，并且为我国排球后备人才库提供了大量专业人才，成为我国排球后备力量培养的重要来源。排球运动的发展不仅得到了国家层面的重视，也得到了各级政府和排球管理组织的积极支持，为高校之间的排球交流提供了稳定的平台，促进了高校排球运动队伍的发展和壮大。

排球队伍竞技能力的提升不仅仅是人们所看到的对运动员身体素质的锻炼和运动技术的培养，排球队伍竞技能力的提升实际上包含了技战术水平、体能状况、战术能力、运动智能以及心理能力等多个方面的要素。大多数情况下，人们对经济能力的理解和认识都比较片面。在高校排球队伍建设中，作为一支球队的经营者和管理者，必须清楚球队竞技水平的提升和综合能力的提升，是融合多个因素之后的结果，因此在日常训练和比赛过程中要制定科学的训练计划与比赛计划。在校园排球队伍建设的过程中，教练员应该结合学生的学习情况、运动水平、训练条件等因素，针对性地制定训练计划和比赛计划，在保证大学生健康成长的基础上，提升他们的排球专业技能，并争取在比赛中取得好成绩。

二、影响学校排球运动队水平的因素分析

（一）技术能力

20 世纪 80 年代中后期我国开始关注学生"体能"，并就此展开了一系列的讨论，虽然时至今日对于体能的界定仍然存在一些未能达成一致的地方，但是在体能研究理论的刺激下，我国运动员的体能训练方式越来越科学，体能训练的成效越来越显著。得益于体能训练的进步，我国很多体育竞技项目的整体水平得到了提升，运动员的身体健康得到了保障。与其他体育运动一样，排球运动竞技水平的提升也离不开科学的体能训练，作为比赛取得优秀成绩的基础性保障之一，体能训练在体育运动中发挥的作用越来越大。

从技术能力层面来看，在校园运动队的建设过程当中，教练员和教师应该从以下几个方面对自己的执教技术能力进行提升。

（1）在教学与训练中，必须清楚每个运动技能和训练技能的细节与运动原理，在教学和训练当中将其中蕴含的意义准确地传递给学生或运动员。

（2）在日常的教学和训练当中，要通过积极的实战模拟和教学情境再现，去提高学生或运动队员的实战能力，也提升自己对赛场局势的把控能力。

（3）一定要准确规范地掌握相关的技术动作，并定期对运动员的基础性训练进行测验，保证球员能够正确规范地完成基本技术动作。

（4）积极寻求分组对抗和实战模拟，帮助球员将平时训练的成果转化到比赛当中，切实提高学生或运动员的实战能力。

一个优秀的教练员，不仅能够在日常教学和训练当中让运动员有所提高，还能够将运动员在训练和教学当中所学到的知识和能力，转化为自己的实战能力，提高自己的运动水平。

（二）战术素养

对技术能力的熟练掌控和执行是排球运动员获得比赛胜利的基础性条件，但是球员必须对教练的战术意图进行准确的执行，才能够帮助自己在场上获得优势，更轻松地获得比赛的胜利，尤其是在竞技对抗面对实力相当的对手，在快节奏的比赛和攻防转换当中如果战术执行不到位，会使运动员的技术优势难以得到发挥，情况严重时甚至会影响运动员的技术动作。对于一个想要成长为优秀排球运动员的队员来说，不仅要有扎实的技术功底，还必须增强自己的战术执行能力和战术理解能力，磨炼自己的意志品质，在困境当中能够顶住压力，带领队友走出困境，迈向胜利。

教练员的战术能力是衡量一个教练综合执教水平的重要判别标准。虽然教练员的训练水平和训练方法对球队的影响很大，但从比赛过程来看，教练员对排球战术的理解和运用以及临场指挥对于获得比赛的胜利具有非常重要的影响。在排球比赛中对教练员的战术能力要求主要有以下三个方面：

（1）阅读比赛规则和战术布置的能力。排球教练员必须要对排球比赛的规则了如指掌，在国际排联对某些规则和细节进行改变时，要敏锐地觉察到这些规则修改对排球战术体系的影响。此外，在比赛过程中，排球教练要善于发现对手的战术布置和战术运用，从而做出针对性的调整，为比赛奠定胜利的基础。

（2）排球运动员必须具有丰富的排球知识和战术理论基础，在形成自己技术风格和执教风格的同时，要根据比赛对手进行针对性的战术安排和战术调整，保证自己的队伍能够在面对不同的对手时应对自如。

（3）排球比赛不是一成不变的，即使对手在开局采用某一种固定的战术体系进行攻防量化。随着比赛的进行，随着双方队员在比赛心态和场上状态的变化，教练员要及时针对这些要素做出调整，保证球队整体攻防转化的流畅性与平衡性，否则可能会由于某一环的薄弱，导致整个战术体系运转的滞涩，最终导致比赛陷入被动。

（三）心理能力

心理技能是通过练习形成的影响个体心理过程和心理状态的心理操作系统，是一种与人类生活、学习、工作、劳动、身心健康以及调节与提高人体身心潜能相关的，在人脑内部进行与形成的内隐技能。心理能力即运动员与训练有关的个性心理特征，以及依照训练竞赛的需要把握和调整心理过程的能力，是运动员竞技能力的重要组成部分。

广义的运动心理训练会采用一切有效的方法和手段对运动员的心理建设进行干预，保证他们能够在遇到困难时，有战胜困难的勇气。狭义的运动心理训练则是指利用专业的心理学手段和方法对运动的心理建设进行干预，让运动员形成良好的心理品质。

广义的运动心理训练针对运动员生活、训练中的各种问题进行普遍性的心理建设，而狭义的运动心理训练针对性较强，一般是对训练或者比赛中的某些心理障碍进行克服。

广义的运动心理训练设计的内容和问题范围非常广泛，并且着眼于心理训练的长期作用的实现，狭义的运动心理训练对训练效果的要求较高，需要帮助运动员在短期内克服某种具体的心理问题或心理障碍。

在运动心理训练中，我们要对其广义含义与狭义含义进行综合理解与运用，在运动员的心理训练中将二者进行有机的结合，使二者能够相互作用，共同促进运动技能心理训练的实际效果。

运动竞赛的无数次实践证明，稳定的运动成绩与运动员的心理品质有着密切的关系，想要在激烈的比赛中获得一次又一次胜利取决于很多因素。身体素质和竞技水平是保证优秀运动成绩的基础，与此同时运动心理调适能力也是影响运动技术成绩的重要因素。在一定的竞技运动水平下，心理素质稳定，调适能力强的运动员总能够在关键比赛中胜出。有学者指出，在运动成绩的获得中，身体素质和竞技水平固然重要，但心理要素对比赛成绩影响一定不能忽视。

运动实践表明，在运动员的日常生活中、日常训练中、比赛中心理因素是调节运动员技术水平的重要因素，但要合理控制运动员的心理活动水平，否则可能会对运动员竞技水平的发展产生负面影响：

（1）如果运动员的心理活动水平太低，不能够在运动员面对困难时帮助运动员走出困境，运动员的运动技能和身体素质就难以发挥出来。

（2）如果运动员的心理活动水平太高，当心理活动旺盛，神经系统处于兴奋状态时，肌肉会产生紧张感，在运动员做技术动作时，就会产生一定程度的形变，造成技术动作失误。

为此，我们必须对运动员的心理活动水平进行调节，可以使用心理训练的方法，将运动员的心理活动维持在最合适的水平，使其能够在运动员的训练和比赛当中发挥积极的引导作用，帮助运动员发挥出更高的运动水平。

在体育教学和体育训练当中，学生通过课堂或日常生活学习运动技术，提高自己的运动能力，将心理技能的训练融入这项活动当中，能够将心理训练、技术训练结合起来。心理技能的训练是现代竞技体育运动训练不可缺少的组成部分，球员的心理状态对其技术水平的提升、体能训练积极性的提升以及自信心的提升具有重要的意义。长期的心理技能训练能够帮助运动员的心理建设更加完善，培养他们在专项运动上应该具备的心理特质，使他们在面临巨大的比赛压力和竞技压力时能够发挥出自己应有的竞技水平，取得好成绩。

（四）运动智能

普通高校和体育专业院校在排球运动队伍建设的过程中不仅要对运动员专项运动技能给予重视，同时也要通过多种途径对运动员的专项运动智能进行培养，提高运动员对排球运动和排球技战术的理解，使他们能够在排球运动和竞赛中发挥出更多的潜力。就目前来看，运动智能的培养并没有什么有效的方法，大多数运动员的运动智能似乎来自天生，我们平时所说的天才运动员就是在身体条件相似的情况下，具备更高的运动智能。高校作为社会的智力高地，在开发学生智能方面应该保持积极的态度，在高校排球队伍的建设当中，教练员要充分利用高校的知识优势，对队员进行多种形式的运动智能训练与开发。

三、加强学校排球运动队建设水平的措施

（一）加大场馆建设，更新器材设备

就我国目前高校体育基础设置建设来说，虽然大部分高校都有自己的体育场和专业体育馆，但是进行职业训练和球队建设设施的数量和质量仍然处在较低的水平。在高校排球运动的发展中，优质的基础训练设施是稳定提升高校排球运动队竞技水平和比赛成绩的基础。

在排球运动管理中心的号召下，在各种社会组织和力量的支持下，我国校园排球联赛也如火如荼地开展起来，在高校排球运动的发展过程中，高校根据自身的发展特点，通过下面的途径加强校园排球队伍建设。

（1）根据学校排球队伍建设的目标和现状，对高校综合型的体育场馆进行新的使用规划，有条件的学校可以对其进行改造和翻新，为校园排球运动的发展提供更好的基础设施。

（2）在校园建设和规划过程当中，要提高对排球运动发展和校园排球队伍建设的重视，尤其是在场馆的建设和使用上。

（3）校园排球队伍的领导者和管理者应该及时对老旧的体育器材进行上报，及时对高校的体育基础设施进行维护，为高校排球运动队的发展提供良好的训练基础设施。

高校体育场馆建设和体育器材的更新不仅可以推动学校排球队伍的发展，还可以提升学校的体育基础设施建设水平，提高学校的基础设施建设和综合办学水平。高校排球场馆和设施的更新不仅满足了高校排球训练和排球教学的需求，也为高校体育文化建设提供了更好的物质基础和平台，对校园体育文化的发展和形成具有重要的推动作用。高校体育设施的基础建设必须引起有关部门的重视，院校也应积极采取措施，根据实际情况所需加强排球场馆建设，及时更新器材设施，使其能够更好地满足日常教学、训练及相关比赛需要，丰富校园体育文化建设。

（二）实行优选优待，提高训练质量

从目前我国高校体育教育专业的设置来看，只有少数学校具有排球专业运动员招生资格，这些学校一般都会给排球专项运动员一定的高考政策倾斜，并且招生的范围限定在普通高中统一招生考试人群当中。为了优化我国排球人才选拔机制，具有排球专业招生资格的院校可以与地方政府达成合作协议，形成吸纳—培养—输送的人才培养模式，为高校招收排球专业运动员建立提供优质的备选人才库，促进高校排球运动的综合水平。这种招生模式具有以下优点：

首先，高校能够为地方专业运动队提供优秀的人才储备，同时高校排球队伍建设水平的提升为高校在当地的招生建立了充足的优势。高校体育运动招生负责人可以通过调研对本地的排球体育专修生进行了解，对于基础好、天赋高的学生可以针对性地进行招生政策宣传和填报志愿的引导，为高校排球队招收一批高质量的球员。

其次，排球队员大学毕业时学校要与当地政府进行积极的交流和沟通，并推荐表现优异的队员到地方队或者用人单位，为大学生的就业搭好桥梁。这一举措的施行能够极大地提升学生参与排球运动的积极性，为高等院校开展排球运动、成立学校专业队伍打下坚实的基础。在校参与比赛以及训练期间，学校应该尽可能多地为队员们提供展示自己的平台，教练员要认真履行自己的岗位职责，在做好训练计划的同时，要注重对运动员综合能力的培养，为大学生未来的发展做好规划。

（三）广筹各种资金，充实办队经费

在我国高校排球队伍的建设过程中，稳定的经济来源和物质支持是制约高校排球队伍竞技能力和整体水平提升的最主要影响要素。没有稳定资金来源和物质支持，球队的日常训练会受到影响，球队参与各种比赛和推广活动的机会就会变少，高校排球队难以得到有效的锻炼机会。随着我国市场经济改革的不断深入，体育竞技体制改革也在向着市场化的方向发展，这为苦苦挣扎的高校排球队提供了新的契机，同时也带来了巨大的挑战。目前，普通高等院校的排球队大多数是依靠学校或者政府的补贴维持，由于资金有限，很多高校排球队难以维持日常训练的开销，在这种局面之下，高校管理层应该积极为排球队的发展拓展资金渠道，通过加大扶持力度获得好的比赛成绩，将球队推向市场。

在高校排球队伍建设的过程，为了保证充足的资金供应，在拓展资金来源渠道的过程中，应该尝试以下几种方法。

（1）积极联系地方政府，争取地方财政资金的支持，为高校排球队的资金来源提供基础性保障。

（2）创新球队发展模式，在区域范围内将教育局、体育局以及学校三方的力量联合起来，共同注资发展排球队。

（3）提高球队的运动成绩和影响力，通过市场化的运作积极吸引社会企业的资金进入校园排球运动的发展。

（4）提托高校的办学优势，积极与地方企业展开合作，进行联合经营，为学校排球运动队的发展提供资金支持。

（四）改革竞赛制度，增加比赛机会

在中国，普通高校体育运动竞赛的管理都遵从上下级隶属关系，通过纵向的信息指令和行政手段来控制体育运动竞赛的运行和走向。排球比赛的机会不能单纯依靠教育主管部门牵头，他们也不可能有那么多的时间来专注于排球运动这个单项。这就需要各省的排球运动协会、大学生体育协会、各个高校球类教研组等共同筹划组织，同时再借助社会的力量来主办各种类型不同等级的排球比赛。为促进高校体育学院排球队竞技能力的提升，有关部门、协会及团体可借鉴欧美一些发达国家大学竞技体育的竞赛制度，例如在美国大学竞技体育已经有着数百年的发展历史，竞赛类型及条件也都趋向成熟。同时我们也可以根据自身条件举办高校体育学院联赛、区域挑战赛、校际交流赛、邀请赛等。目前，虽然我国在排球运动发展方面尚未拥有像发达国家那样强有力的非政府组织，但是教育部和体育总局的权威部门可鼓励资助一些排球领域的爱好者尝试组建，以此来刺激推动高校体育学院排球运动的良性发展。随着竞赛制度的不断改革及外界关注度的提升，排球运动开展在普通高校的接受程度也会逐渐改善，这不但能有效地引起校方重视，促使其加大投入，还能树立运动员参与排球训练的积极性。于此，我国整体排球竞技能力得到巩固，排球比赛的形式也会逐渐丰富，参与排球运动的人群也会增加，各普通高校体育专业招生的质量也将得到改良，体育学院排球队竞技能力的提升也就不言而喻了。所以，坚持改革竞赛制度是解决我国高校体育学院排球队比赛过少、竞技能力偏低的必要方法。

（五）丰富学习途径，改善训练效果

高校排球队伍竞技能力的提升需要运动员个人坚持不懈的努力，也需要教练员为队员提供专业的训练和科学的指导。作为排球运动的参与者，排球运动员要通过各种途径积极提升自己的专业水平，为提升球队的综合实力贡献自己的力量。一般来说，排球运动员除了训练，还可以通过以下几种途径对自己的专业能力进行提升：

（1）广泛阅读本学科书籍；

（2）积极摘取网络信息；

（3）及时查阅较新文献；

（4）积极参与相关会议；

（5）多方听取成果报告；

（6）常与专业人士聊天；

（7）观看各项排球比赛；

（8）主动翻阅报纸、杂志。

高校是社会的智力高地，开设体育专业的高校更是拥有一批高水平的教师和教练员，高校在发展专业排球运动队伍的过程中，可以充分利用自己的学科优势和人才优势提升排球运动的训练水平，这里提出以下几点建议：

第一，在不影响正常教学工作和学生工作的基础上，派遣专业教师到地方专业运动队进行考察学习。

第二，学校或学院出资鼓励相关人员进行教学技能和训练技能的进修，全面提升高校排球队伍的训练水平。

第三，有条件的学校可以定期邀请业内专家或者专业的排球运动员、教练员到学校做学术报告。

第四，学校积极促进导师或者运动员到其他学校进行交流与学习，不断提升队员的技术水平和训练眼界。

（六）坚持全面发展，技术有所专精

所谓全面发展，不再是停留在排球运动技术层面的单因素均衡提升，它还包括体能、战术、心理、智能等影响竞技能力的各因素共同发展。现代排球对排球运动员全面发展的要求主要有以下几点：

第一，排球运动员不仅要有扎实的基本功和运动能力，并且在专项运动领域要均衡发展，不能存在明显的技术短板，否则难以适应现代排球的复杂战术要求。

第二，随着排球运动的发展，战术体系越来越复杂，高强度、高频率的场上移动对运动员的体能和综合运动能力提出了很高的要求。在现代排球领域，只有具备高超个人运动能力和综合素质才能脱颖而出。

第三，运动员个人对排球运动和排球技战术要有深刻的认识和理解，能够适应排球运动团队协作的战术打法，在比赛中积极与队友寻求配合。

第四，现代排球运动对专业运动员的心理素质有很高的要求，队员要能够在激烈的对抗和心理博弈中规范、准确地完成各种技术动作，并且在处于困境时能够相互鼓励，顶住压力。

第五，运动员在比赛和对抗过程中要明晰场上的局势，这对运动员的运动智能提出了很高的要求。

第七章 其他球类运动的校园开展

第一节 乒乓球运动的校园开展

一、确立乒乓球进校园的领导体制，确立竞技在教育中的地位

乒乓球进校园的领导体制应是建立在"体育回归教育"理念下的"两部门共同领导小组"，以开展联席会议的方式处理日常事务。要明确"三类别"的培养目标，确立"三主体"的培养体系，三类别即培养高水平竞技人才、全面发展的复合人才、从事基础教学的技能人才；三主体即确立乒乓球项目的后备人才、专业教师以及专业的科研管理人员。

首先，将我国学校体育作为乒乓球竞技人才发展的基础，就要坚持"体育回归教育"的理念，将竞技体育引入到教育体系中去，让其成为一种施教的手段。我国体教两部门应摒弃过往的旧思想，充分看到当今体育的变革，已非简单的体育课程教学，而应大力发展学校的竞技体育。将乒乓球运动作为重点项目开展，一方面是利用乒乓球运动的固有特点，可以简单快速地使青少年达到锻炼身体的目的；另一方面竞技乒乓球的训练、比赛等环节可以培养学生拼搏向上的精神和强大的心理素质。

只有确立了竞技体育在学校教育中的地位，将乒乓球运动作为重点的发展项目，才能为"体育回归教育"找到现实依据，才能为竞技体育人才的培养找到可持续发展的道路，才能为其他项目回归教育找到合适的路径。

其次，体育部门需要实现职能的转变。现今体育部门的主要职能是管理各级专业队伍，夺牌夺标，为国家输送优秀的运动员；而转变后的职能要着重关注大众体育、群众体育，对国字号队伍的管理以及各体育产业的宏观调控。乒乓球回

归校园后其职能应是为乒乓球后备力量在学校的发展建立相应的保障体系，为乒乓球运动的发展提供师资培训、协调场地资源、组织竞技比赛等各项服务。

再次，完善乒乓球后备力量的发展机制，建立健全相关的法律法规。为了更好地实现乒乓球进校园的目标，也为了让更多的乒乓球员能够全身心地投入训练与比赛，需要为各级的学生打开上升的双向通道，包括乒乓球专业道路与学业道路。可以尝试让学习成绩优异且竞技水平高的乒乓球员走向社会，由社会企业为其提供赞助，由学校为学生提供全额奖学金，以此来保障运动员在学校的训练与学习。

《试点中学培养体育运动后备人才暂行管理办法》中提到：学校体育的工作要求是要提高运动队技术水平，培养高素质的后备体育人才。所以体教两部应共同制定实施办法：第一，允许省、市专业乒乓球队与当地学校展开深度合作，例如与高等院校合办乒乓球学院系，多次开展乒乓球走进中小学的活动，让专业的教练员定期进校园指导等措施；第二，将体育部门下属单位分离，部分单位继续管理国字号乒乓球队伍，其余机构与教育单位合并，例如将原有乒乓球体校、省、市少体校并入普通学校办学；第三，省、市专业队伍逐级回归学校，打通在校就读的乒乓球员的上升通道。

最后，落实到加强监督管理上，促进"体育与学习"双重标准的人才选拔制度真正落实，达到乒乓球后备人才教育水平的提升。

二、利用市场经济强化校园的课余训练，促使学校体育产业化

原举国体制的最大优势就在于能使乒乓球运动员全力以赴地投入训练，成就我国乒乓球的强大。竞技回归教育之后，我国必定大幅增加对学校乒乓球项目的投入，但体量太大，无法全部满足训练、竞赛所需的费用。为了继续保持乒乓球项目在国际上的优势地位，能够选拔出有乒乓球天赋的学生，学校自身必须着力发展乒乓球相关产业，吸引社会资金投入到乒乓球运动中，加快校园专业乒乓球队伍的建设。乒乓球各产业如能快速发展，必将带动其他体育产业的腾飞。

将学校乒乓球产业化，是以市场为导向，将乒乓球产业的各个环节连接成完

备的产业体系，实现一体化经营的过程。现今学校乒乓球产业是由体育部门主导的传统发展模式向现代化、产业化的发展模式转变。

伴随着市场经济的快速发展，体育产业必将不断扩大，学校体育作为体育的一部分，必须走向市场，实现学校体育发展的产业化，只有这样，乒乓球回归校园才会有足够的资金支持和广阔的发展空间。

对比美日等学校体育发达的国家来看，日本学生从少儿开始由学校启蒙，有体育天赋且愿意从事体育训练的学生，就可以进入专业的体育俱乐部，还可以获得来自当地财团的资助。在美国，全球知名的 NBA（美国职业篮球赛），球员绝大部分出自美国本土的大学，各大学对运动队的支出只有一小部分来自政府拨款，更多的资金来自企业的赞助，并且每个大学球员必须学业及格，不及格就不能参加比赛和日常训练，这极大地推动了球员的文化教育，既保证学业又能兼顾篮球比赛。所以我国乒乓球项目应通过优势项目建立起学校体育制度，让竞技体育更好地回归教育。

三、加大投入，推动学校竞技体育社会化

加大投入，保证乒乓球项目和后备人才队伍的稳定发展。我国已进入新时代，即将迈入全面小康，必须要改变原先学校乒乓球运动的管理模式，将由教育部门主管转变为以学校体育为基础，大力发展学校竞技体育的发展模式。将原体育部门所属的乒乓球专业训练体制转向社会化，发挥两部门共同领导的优势，把乒乓球专业队逐级转移向学校，将教练员、运动员及训练的场地设施向学校转移。此举必将改善学校发展乒乓球运动的条件，提高学校乒乓球运动的竞技水平。

完善健全师资水平、教师的综合评价机制、场地设施建设，鼓励财政拨款和引入社会资本，不断改善青少年乒乓球后备人才的发展环境，形成校园乒乓球运动的社会保障体系。

加快建立学校乒乓球俱乐部，一方面可以加快竞技体育的社会化，快速适应市场的发展，引来社会资金；另一方面有利于推动乒乓球员各方面素质的发展，也有利于乒乓球后备人才的可持续发展。学校体育的高度社会化必将是将来学校

竞技体育的发展趋势。

四、构建乒乓球校园竞赛体系，激发学生学习动力

搭建起大中小学校专业竞赛一体化的赛事平台，让普通学校全面进入竞赛体系，让部分高校参加乒协主办的各级别专业赛事，放宽球员的注册通道，同时也要加大对成绩优良的后备人才的选拔范围，对获得奖学金的条件做出规范，对奖学金进行控制，让每位学生有积极性去通过学习以及竞赛获取，从而引起学生们对文化的兴趣，达到综合素质全面发展的目的，保证乒乓球一条龙竞赛体系的完备和后备人才选拔的全面性。

构建乒乓球后备人才竞赛体系的具体措施：一方面是体育部门对于国字号乒乓球队的人才选拔范围要扩大，对在教育系统内有着高水平表现的乒乓球后备力量一视同仁，放宽学生球员的注册通道，享有相同的训练条件、医疗等；另一方面，教育系统要制定出完备的学校乒乓球竞赛体系，降低大中小学校的参赛门槛，鼓励各教育单位积极参加各项赛事，增加各地区的中小学乒乓球联赛等。

同时，教育部门还要重点推进各地区高校间乒乓球赛事的开展，多组织全国性的高校比赛，加强全国高校校际间乒乓球运动的交流，以高水平运动队带动学校乒乓球项目的发展。

另外，比赛可以分为联赛制、积分制、分级制、赛会制，比赛制度和方式的多样性可以吸引更多的乒乓人才、爱好者加入进来，也可以吸引更多的资金进入，带动整个乒乓球事业的发展。

需要注意的是，乒乓球赛事体系最根本的价值体现就是其公开性和广泛性，而在学校中开展竞技体育比赛，要尤其关注人才选拔、参赛的公平竞争，这样才能有效地促进乒乓球项目整体水平的提高和后备人才的发掘，激发学生球员对于文化学习的内生动力。

五、建立健全乒乓球校园后备力量的训练保障体系

乒乓球训练保障体系应由专业队、俱乐部的专业化训练体系与体育院系和高校高水平队训练体系共同构成、相互依托，以高等院校带动初级教育，强调在训练的

基础阶段由体教两系统共同培养，让少儿球员在相对固定的环境下参与训练，打好基础；在训练的提高阶段应适当允许乒乓球后备人才在校级间合理的交流；在训练的最终阶段，建立合理的竞争机制，更多地强调参加比赛，从比赛中找出问题。

构建乒乓球训练保障体系，其培养方式应是让竞技乒乓球训练回归到学校中，让学校承担起培养的重任。这样可以发挥学校的优势，扩大乒乓球后备人才的来源与渠道，有利于后备人才加强知识学习，全方位发展素质，也可以为乒乓球项目储备更多的后备力量。主要的措施是：专业的体育院校、体育职业学院要与综合类大学横向交流，建立学训互助的培养方式；高等院校对中小学提供全面的支持，建立从小到大阶梯式的培养体系等措施。

构建乒乓球训练保障体系，人员配置应是将原体育局的部分工作人员进入学校，做好医疗、科研等保障工作；将原有的教练员引入学校，去学校指导乒乓球队的日常训练，还有将部分教练员归入乒乓球专业俱乐部。

构建乒乓球训练保障体系，训练条件应当将省市体校的乒乓球场馆变为学校的训练场所、专业俱乐部的训练场地或是集训基地。

构建乒乓球训练保障体系，训练时间应当根据学校的作息来合理安排。将青少年球员的训练安排在早上课前、下午放学后、周末等时间进行；高等院校的乒乓球训练可以安排在每天的下午、周末和空余的时间；对于无法按时学习的球员，学校要安排补课或其他方式的教学，这样可以确保乒乓球球员在训练比赛之余也能保证受到良好的教育。

六、合理解决乒乓球"回归教育"中的"学训矛盾"

乒乓球训练中最难解决的便是学训矛盾，曾经的北京理工大学依靠学校来培养足球运动员，在中甲联赛取得过很好的成绩，学校就在学习与训练这方面做了很多努力，值得我们借鉴学习。首先是教练员为了平衡好学训关系，让学生可以学到更多的知识，尽量不占用上课时间，对每次训练保质保量；其次学校为参赛的运动员在闲暇时间免费补课，有专门的教师负责；还有就是学生对自己严格要求。正是这些措施让球员们在理解战术意图、训练方式、教练沟通等方面做得更好，在场上更加沉着冷静，从容面对比赛的得与失，这是值得乒乓球回归校园所借鉴的地方。

所以落实乒乓球运动员文化教育尤为重要，具体的措施可以是：第一，乒乓球青少年的重要赛事前进行文化测试，目的是为了增强后备力量的学习意识；第二，要将全国性的青少年比赛尽量安排在寒暑假，以保障乒乓球后备人才的文化学习；第三，教育部门要设立监督小组，定期对乒乓球员的文化水平进行考察；第四，为每位学校球员设立学习档案。

七、转变学校、家长、社会的观念

随着国家经济的发展，人们生活水平的不断提高，整个社会的观念必将改变，竞技体育将会获得更多的注视；而伴随社会观念的升级，家长为了让孩子全面发展，必然会加大对体育的投入，只要学校能够办好竞技运动队，家长看到参加乒乓球训练不光可以增强体质，还可以对升学、甚至就业有利，那自然就会不惜余力支持孩子参与训练。

体教两系统制定再多的措施，最后都要落实到每个具体的学校，学校能够发展好竞技体育，校领导的认同是前提，学校竞技体育发展的好坏与校领导对体育的认识是分不开的。校长对乒乓球在学校教育中的作用要有充分的认识，学校的乒乓球活动才能获得良好的开展。例如华东理工大学校长有留学经历，受国外文化的熏陶，迅速产生了在国内实践学校发展竞技体育模式的想法，促使了华东理工大学高水平乒乓球队的产生，学校成立了一个以副校长牵头的各部门共同协作的工作组，以保障乒乓球队训练、比赛的顺畅，让球队取得了好的成绩，打出了学校的名声。说明实施乒乓球进校园的工程中，领导重视，组织健全，"竞技体育回归教育"的理念才能取得预期的效果。

第二节　羽毛球项目的校园开展

一、宣传运动项目功能，提升学生参与兴趣

国家有关部门发布的《全国普通高校体育课程教学指导意见》明确指出，在

重点高校开展体育教学的本质和目的是为了表明，开展体育教育，提高青年人才的体质，必须树立"健康第一"的思想，促进青年才子逐步发展这一理念，提高他们在体育活动中的专业技能，了解一些能有效增强体质的方法，从而养成高质量的体育习惯。观念是一个人对某些事物的认识和态度的理解。在全民健身热潮的推动下，每项体育运动的开展离不开国家以及社会群众的大力支持和宣传；首先，要提高羽毛球相关知识在高校的普及程度，改变领导对羽毛球的态度，让他们参与体育运动，参与羽毛球运动，让他们了解羽毛球运动，喜爱羽毛球运动。可以让领导身先士卒，在休息时间可以参与羽毛球运动竞赛以及日常运动。其次，高校领导必须转变观念，重视高校体育建设、羽毛球运动，才能逐步促进羽毛球运动在高校的发展。将举行羽毛球特别会议，对各高校的羽毛球运动的现状进行分析，总结各自高校羽毛球发展中的问题，并根据问题提出各高校的具体解决措施。此外，让学生改变思维方式，处理好体育锻炼与文化课程的关系，深入思考，实现羽毛球带来的自我成长和自我完善。只有这样，大学生才能积极培养"终身体育"意识。最后，利用多种媒体宣传手段，再组织一些有计划、有目的的相关赛事，加大对羽毛球运动的宣传和讲解力度，让大学生更加了解运动，产生浓厚的兴趣。

二、改进项目课程安排，满足学生多元化需求

所谓课程安排，不单指是否开设各种科目课程，亦指开设各种科目课程后的安排。2016 年，国家体育总局对健身羽毛球进行了重大改革和发展，把羽毛球作为新型的体育运动项目提上了"全民健身"的日程。羽毛球得到国家体育总局、全国健身羽毛球推广委员会以及领导的重视与宣传外，也在新《纲要》灵活性放宽的情况下，增强项目的多样性和活动内容的趣味性，给学校体育课程注入新活力，为进一步推动体育教学内容的创新，羽毛球作为一项新的体育项目，为高校的发展提供了外部环境和条件，使高校体育课程的知识裁量权增加。在课堂教学过程中，教师可以通过各种合理的教学形式和方法，充分提高学生参加体育运动的积极性，激发学生的兴趣。在调查大学生对羽毛球课程的满意度时，发现大多

数学生认为教师的教学过于单一和僵化。教学过程仅仅局限于教师讲学生听，教师教学生学的流程，老师仅仅让学生被动地接受知识和技术。这种教学过程让学生感到十分枯燥乏味，从而大大降低了他们的积极性和主动性。就目前高校课程而言，在保证一定课时量的情况下，增加课时量，让每一个选择羽毛球作为选修课的学生都能感受到羽毛球在课堂上带来的快乐。在选择教法上，高校教师必须将现代教学融入传统教学，从而充分调动学生的积极性。例如在教学中，学生可以通过观看视频自主学习技术方法。或者通过在教学中加入游戏及比赛的形式逐渐培养学生的兴趣，从而形成终身体育观，以达到学校体育的目的。在教学内容的设置上，除了学习基本的技术和理论知识外，学校还应该适当增加教学难度，这样不仅可以提高学生学习技术的积极性，让学生有学习羽毛球的欲望。因此，现代教学方法弥补了传统教学的单一性和盲目性。通过运用正确的教学方法及手段来提高整体教学质量，培养学生自主学习能力与整体素质的协调发展，起着承上启下的作用。

三、加大师资培养力度，提高教学专业水平

高校羽毛球课程的顺利开展必须具备专业的师资团队，体现教师的综合素质。在国家以及学校的支持下，转型的老师增加，为学校新兴体育的快速发展，老师积极参加有关高校羽毛球教练和裁判工作的培训，使自身的理论知识更加专业化、技能和技术水平更加过硬，各方面的提升空间增大，职业素养、道德风范都在不断提高和进步，这些无疑都是对高校羽毛球课程发展的保障和动力资源。高等院校是专业人员的"成品车间"，因此需要每个教育者的知识水平提高。他不仅能帮助学生提高专业能力，还能关注学生的身心健康发展，使他们能够制定一个好的生活计划。他也是科技进步的创始人。高校教师不仅要实现"学与德并重"的目标，还要根据个人道德素质、文化水平和教育管理水平为学校教学的发展创造有利条件，从而为学生树立良好的榜样。对羽毛球教师来说，他们不仅要有专业的羽毛球技能和教学能力，还要有一定的指导能力，可以积极培养现代学生对羽毛球的兴趣，也可以通过专业训练指导帮助更多的学生了解羽毛球。

加强教师队伍整体建设，应从以下几个方面着手：

首先，教师需要多交流，相互学习长处，不断加深对羽毛球理论和自身羽毛球技术的理解。

其次，在今天的高校，学士学位已经不能满足教学的需要。到目前为止，学校不断补充新鲜血液，使年轻的研究生教师成为主要力量。引进受过高等教育的年轻教师有利于加强师资队伍，增强师资队伍的活力。在一定程度上，学校还拥有其他老师不理解的羽毛球相关知识，以及其他老师没有达到的一些技能，但这部分青年教师缺乏教学经验，这部分教师的单一引进会导致教师整体建设的不足。因此，"以旧带新，以新促新"是更好地建设师资队伍，增强教师综合实力的有效措施。

再者，加大高校羽毛球教师的培训和学习力度，通过聘请专家和定期举办培训课程，年轻教师将有越来越多的创新教学方法和手段，老教师的方法和手段将"换成新的"，使教学更加专业化和技术化，从而建立完善的管理和操作体系。

最后，由于羽毛球高水平人员集中在社会人员中，为了促进整体发展，最好和社会高水平人员进行交流和讨论，创建以高校校园文化为主题的高水平羽毛球运动群体，从而使这项运动得到快速而有力的发展。总而言之，未来，高校羽毛球运动势必会掀起热潮，在良好的发展条件下，不管在高校开展羽毛球课程还是在社会体育市场开展羽毛球课程，都必将拥有理想的发展空间和前景。

四、加强场地设施建设，提供教学训练保障

对于羽毛球来说，场地和器材是学生在这个体育课堂上学习和训练的基本需求，也是教师完成教学的最关键条件，最重要的是影响高校进一步发展这项运动和进步。群众体育促进学校体育的发展。如今羽毛球在公众中广泛流行，在一定程度上，也掀起了学校羽毛球运动的热潮，鼓励更多的大学生以乐观愉快的态度参加这项运动。随着越来越多的学生选择这项运动，对场地的要求也越来越高，需要更加完善、更健全的场地设施，在目前各高校现有的场地设施基础上，应该继续合理有效地利用场馆，加强现场设施的管理和使用；在增加羽毛球场地的同

时，尽可能使用专业羽毛球场地，最大限度地降低受伤率。增加场馆建设投资渠道，以多元化投资形式启动新场馆建设，帮助资金周转；在业余时间，可以通过不同的方式或渠道降低大学生的场地费，或者免费让大学生使用室内场地，这将对大学生积极参与和锻炼起到一定的作用。场馆设施是体育活动和教学的基础与保障，在高校羽毛球项目不断优化的时代，各大高校将会陆续开设此门课程，加大资金投入，环境、场馆设施与高校羽毛球辅助工具都会得到更好的完善，为学生的练习提供更好的条件。

五、重视社会资源整合，打造竞赛品牌赛事

未来羽毛球运动在高校的发展，首先，要整合资源，这是系统论的思维方式。通过组织协调，将相互关联但又相互分离的高校羽毛球内部功能、参与共同使命并具有独立经济利益的高校羽毛球外部合作伙伴整合到客户服务体系中，达到一加一大于二的效果。资源整合，这是高校调整羽毛球战略的一种手段，也是高校羽毛球管理的日常工作。整合就是优化资源配置，即前进和后退，取和放弃，即获得整体优化。加强资源整合是指高校羽毛球运动对不同来源、不同层次、不同结构、不同内容的资源进行识别和选择、吸收和配置，有机整合，造新的资源。

这是一个复杂的动态过程，使其更有组织性、系统性和价值，激活并在接受资源整合内涵的基础上，提出高校羽毛球资源整合过程模式，分析高校羽毛球资源整合能力，旨在为高校羽毛球提升资源整合能力，进而增强高校羽毛球运动的开拓性，较好地进行资源整合，培训专业的羽毛球运动员，让一些想要注入资金的企业，看到羽毛球运动的发展方向，愿意将资金投入到高校羽毛球运动的建设中来，使其能够有充足的资金、形成系统的结构，对羽毛球运动的发展具有重要意义。

首先，高校羽毛球比赛不仅是羽毛球宣传和普及的最佳途径，同时可以激发学生对羽毛球的浓厚兴趣。通过羽毛球比赛，鼓励学生自信、自立、勇敢，减轻学习过程中的压力，使学生的日常生活得到不同程度的丰富。羽毛球不仅有体育价值，还有观赏价值。除了参加羽毛球比赛之外，它自然会吸引学生的目光来参

加高水平的观赏性比赛。因此，来自其他高校的羽毛球队经常被邀请参加体育比赛交流，这样学生在观看比赛的同时就可以了解这项运动，带来乐趣和刺激，越来越多的学生就会参与其中。

其次，羽毛球项目将被纳入大学生运动会，大学羽毛球联赛将大力举办。体育专业和普通大学生将组成一个团队，共同参与比赛，为大学生创造一个良好的学习和交流平台。

最后，为高校青年队和多级羽毛球比赛建立独立的品牌竞赛，并在不同程度上安排等级、团体和比赛。例如，从大一至大四的不同层次中挑选业余和专业团体，并举办混合团体赛、男子团体赛和女子团体赛等，丰富竞赛形式，开展"以赛代训"，进一步完善高校竞赛制度，提高高校羽毛球运动队的水平与整体运动水平，为高校羽毛球运动的健康发展做出贡献。总体而言，各大高校羽毛球竞赛的积极开展，对教师教学任务的实施、学生对运动的热爱以及各学校教育者之间的交流都有非常有益的影响。

第三节 网球运动的校园开展

一、加强网球场地、器材设施建设

对于教学而言，充足的场地设施是保证教学顺利进行的基础保障。普通高校普遍缺乏开展网球运动的场地设施，部分具备开展条件的高校对场地的使用和管理缺乏科学性，致使场地闲置率过高。高校网球墙可以实现网球运动的高效模拟，对参与学生的网球技能和掌握程度的培训具有很重要的作用和意义，用这样一个实现高度真实性模拟的网球墙练习，可以让学生快速提升网球的专业技能，并且这种训练方式不受时间和地点的影响，学生能够在随时随地的练习中熟练地掌握网球运动的技巧，熟悉对球杆的把握程度和正常的击球节奏感。

鉴于目前普通高校实际的经济发展情况，大面积进行网球场地的建设也是不切实际的。所以网球场地的问题，是急需我们去解决的。

首先，修建网球辅助墙，这种设施不仅有利于初学者使用，也利于有一定基础的练习者巩固技术使用，且投资不大；其次，针对普通高校网球场不能满足学生需求的状况，改造场地和器材，可以用"快易网球"教学法来把一片标准的网球场用便携式球网六米规格的小网分为四片小型网球场；最后，改建网球场，在排球场或者篮球场划上网球场地，供练习者使用，可以部分缓解当前场地不够的局面，提高课堂教学的效果。

二、改进教学内容，创新教学模式

教材是教学活动的载体，教学目标是通过具体的教学内容的学习来实现的。围绕教学大纲，优化教学内容是实现教学计划优化的重要环节。要根据教学需要，整合教材内容，并有针对性地在每节课开始和结束前进行专项准备活动、身体素质练习。对"人才培养目标"认识上的转变对比以往的高校教学理念及教学模式，应用型人才的培养从未被放在人才培养目标的首位，这一弊端在体育教学中尤为突出，从而导致高校培养出的体育人才缺乏特色，缺乏竞争优势，无法满足社会对应用型人才的需求，这需要创新教学模式，提高高校人才竞争优势。

应该加强自主型教学模式，实现自主学习以及进行差异化教学，兼顾每个学生。学习者自主是一种全新的教学模式，它要求学习者能管理自己的学习行为，根据自身的情况确立学习目标，制定学习计划，选择学习方式，监控学习过程及运用和发展学习技能。这种深层次转换将对教学改革的成功起到不可估量的作用。在网球教学中，可以采用灵活多样的教学手段和教学方法，积极鼓励和引导学生参与其中。比如可以在课堂上安排学生参加课堂游戏互动、网球知识问答，进行小组讨论和对话等，这样的形式可以有效地活跃课堂气氛，锻炼学生的表达能力。在进行高校网球教学时，必须兼顾每一个学生。当然，不同学生的学习能力、理解能力、学习基础都有很大的差异，因此，充分尊重每一个学生，对于学生的问题，要及时给予回答和解决。作为老师，要充分和每一个学生进行沟通，了解他们的心中所想。

另外，还需要将现代教育技术应用于网球课教学。网络教育早已随着互联网的发展融入了我们的生活之中，网络教育也相对便宜，因此利用网络进行紧跟时代的学习尤为重要。网络，扩大了学生的视野，为学生获取更多知识提供了方便、快捷的途径，这些都是传统教学模式所不具备的。在师资力量相对薄弱的情况下，系统适时地运用网络教学资源，加强线下联系和训练，可以在自身不足时，保障教学的高端性和有效性。通过网络视频的学习和讲解，图像、声音、教学相结合，突破教师自身水平的局限，不仅可以观看教学类网球视频，网球大赛的讲解也可以使学员们从高端的角度了解基础技术的运用。网络的强大联系性也可以使学员们得到一手的网球咨讯、网球动态和进步态势。其次，还可以建立网络评价系统。通过网络，将学生的平时表现清晰记录下来，仔细分析学生的具体学习情况，为教师教学和对学生的最终考核提供依据。这样可以改善盲目追求高分的现象，弱化学分的作用，增强学生学习的自信心，进而增强学生的学习兴趣，提高教学的合理性和有效性。普通高校在田径教学、三大球类教学、武术教学、体操教学等方面已经普遍运用到了新媒体、新技术等现代化的辅助教学手段，但是，在调查开设体育网球选项课的普通高校中，对于现代教育技术的应用并不是很多，大多数高校的体育网球选项课都在期末或者下雨下雪天气不能进行室外活动时，在理论课上通过简单的明星视频录像让学生了解一些网球知识，都停留在学生视觉上泛泛的了解。

三、重视课外网球活动开展，增进学生健康水平

学校课外体育活动可以促进学生的身心健康成长，科学有效的课外体育活动对改善大学生的体质健康具有重要意义。2006年12月23日，时任教育部部长周济在全国学校体育工作会议上指出："广泛开展'阳光体育运动'，掀起全国亿万学生参加体育锻炼的热潮，开展'阳光体育运动'要与课外体育活动相结合，用三年时间，全国有85%的学校能够全面实施《学生体质健康标准》，85%以上的学生达到《学生体质健康标准》几个以上等级，全体学生都要做到每天锻炼一小时，至少掌握两项日常锻炼的运动技能，形成良好的体育锻炼习惯，提高学生的身体素质和增进健康。"学校课外体育活动的组织和开展是学校体育工作的重要内容，

学校课外体育活动面向全体学生，目的是提高学生的身体素质和增进健康，使学生在体育活动中增长见识，培养体育意识，养成经常参与体育锻炼的良好习惯；同时也是丰富学校业余文化生活和完善素质教育的重要组成部分。学校应当重视课外网球运动的开展，通过学生自主参与网球社团或者俱乐部，培养网球运动兴趣，高校应该合理安排网球场地，定期免费为网球协会和俱乐部提供网球场，增大网球爱好者的比例，使网球成为学生进行锻炼的一种习惯，真正将网球运动普及融入学生的课余生活中。

四、加强师资队伍建设，提高教师队伍质量

师资队伍建设是教改中的关键环节，高质量的教师队伍，是培养合格人才的基本条件。作为一名专业的任课教师，必须具备良好的基本技术、丰富的理论知识和组织竞赛的能力，这样才能更好地满足学生们的求知欲，真正达到教学相长的目的。在教改中，除按科学合理的比例配备教师外，还要进一步提高教师政治思想和业务素质。要吸收政治思想好、责任心强、具有较高学历和技能水平的教师进入教师队伍。除了鼓励教师在职自修外，还要安排各种形式的出外进修，定期组织同行间的听课及学生评议教师教学效果的活动。对青年教师，除了指定有经验的老师传、帮、带外，可定期举行"讲课比赛""业务自修比赛""科研比赛"和学术报告等活动。淘汰既无德又无能的不称职者，加强师德教育，实行各种形式的表彰奖励，将表彰奖励作为评职晋升的条件之一。提高网球教学质量，关键在于提高网球教师的素质，因此，制定长期的、规范的网球教师在岗或后续培训计划和科学的管理制度是十分必要的。

为了提高教师教学水平，必须优化教师教育资源建设，推进高校教师"教育联盟"工作，积极推进由举办基础教育师资职前培训、承担基础教育师资职后培训的省属高等师范院校组成的高校教师"教育联盟"工作，实现区域内高校资源共享、优势互补，发挥高校优质资源辐射作用，经常举办研讨会，以推进高校间开放合作，努力提高教师的专业素养，实现教师的职业化教育。可见，开发教师教育课程资源，加大教师教育课程建设力度，形成科学、使用、完善的课程教学

大纲，开发高水平、有特色的教师教育课程教材是高校教师未来的发展趋势，也是未来高校网球教师的发展趋势。

五、加强俱乐部的规范化，搭建品牌赛事

组织校内网球比赛及校际联赛，丰富校园生活。以高校的网球俱乐部和网球协会为媒介，分步骤、分阶段地进行网球练习，整体推进网球运动在高校的开展和推广。俱乐部在高校的建立，使网球教学课堂得到了延伸，将网球教学的课内外进行结合，对课堂上的网球教学内容进行巩固和加强。目前高校大学生网球俱乐部发展并不成熟，由于缺乏理论支撑，其管理与运动模式也一直在探索之中。尽管如此，在高校教职工网球协会的带领和影响下，高校大学生网球俱乐部已经显示出其强大的生命力，各高校大学生参与人数越来越多，组织和教授网球技术的均为在校大学生，这部分学生中不乏受过多年专业训练，甚至个别有过正规网球比赛的经历。体育经费缺乏，在各个高校中普遍存在，由此带来的负面效应显而易见，但是网球运动的开展又有其独特的优势，仍可以因陋就简适时开展起来。为弥补网球课堂教学在师资数量与素养、场地课时、教学内容等方面的不足，网球俱乐部在充分体现"以人为本""以学生为主体"的教育理念下，从学生自身出发，以"健康第一""安全至上"为原则，最大限度满足学生的学习要求为目的，不断加强教师和学生的互动交流，以更加合理的渠道为各高校的学生学习和练习网球提供服务。作为网球课堂教学的延伸，网球俱乐部是高校大学生网球发展的突破口之一，必将加快大学生网球运动在各高校的发展，加快高校俱乐部的规范化建设势在必行。

学校体育竞技是教师和同学们一起参加的，且能够达到锻炼身体的目的，要取得好成绩需要努力拼搏、增加自身的能力。经过宣传以及改善校园体育竞赛，增加并完善运动训练，进而提高我国当代大学生的能力，让他们在今后的发展道路上能够有坚实的体魄，使他们成为国家的中流砥柱，成为国家的栋梁之材。

首先，各大高等院校开展网球比赛不仅是对网球运动本身进行宣传、推广和普及的最好方式，而且网球运动可以激发教师和学生对网球的兴趣，激励学生通

过网球比赛，对生活、学习有自信心、上进心和勇往直前的精神，也有助于提高教师和学生为集体荣誉而团结在一起的责任感，使教师教学时的疲惫得以放松、教学工作得以减压，使学生降低学习过程中所产生的压力、丰富日常生活均产生了一定的作用。

其次，网球运动不仅有着运动价值，更具有观赏价值，对于一场高水平并具有观赏性的比赛来说，自然而然的吸引着人们的眼球，所以说，高校定期举办俱乐部之间的网球比赛，或者高校间的网球联赛，让同学们在参与比赛和观赏比赛的同时，了解这项运动带来的愉悦感和成就感，使越来越多的学生们参与到其中，逐步使俱乐部走向规范化、成熟化，树立起品牌赛事。

六、通过运动产生兴趣，树立"终身体育"思想

开展体育教学必须要树立一种"健康第一"的思想理念，增强广大青年才子的体质，促使广大青年学子渐渐产生这一思想理念、提升体育活动的专业技能以及了解一些可以有效增强体魄的方法，进而养成优质的运动习惯。大学生是一批又一批接受过教育，并能致力于"立志、勤奋、责任、创新"的人，不仅代表了社会新思想和新潮流、新技术的特殊群体，而且代表了具有最先进文化、知识、思维方式的个性群体。大学生在高校中最是年轻有活力、朝气蓬勃精神面貌的优秀群体，他们是促进高校日益发展的焦点，也是推动社会整体实力进步的国家栋梁。现如今网球运动是最受欢迎的运动项目之一，但是由于我国区域经济发展不均衡，使普通高校大学生网球运动发展较晚，随着经济实力的不断发展，高校网球运动的开展状况愈来愈好，网球运动又属于隔网对抗性项目，且入门难度低、易组织易开展、娱乐性强，是集健身、娱乐为一体的运动项目，这一项目特征符合了广大青年学子健与美的需求，是培养"终身体育"的思想理念以及对自身健康体魄、综合素质提高的一个有力项目。

首先，让学生从思想上转变，处理好体育锻炼与文化课之间的关系，并在思想深处认识到网球运动带给自身的成长、自我完善的促进作用，这样才能让大学生主动地参与到其中，培养"终身体育"的意识；其次，利用校园广播、电视录

像以及组织一些有计划、有目的的网球比赛，加大对网球运动的宣传与讲解，有意识地让大学生们去了解这项运动，让其产生浓厚的兴趣；最后，只有转变大学生思想，将兴趣爱好投入到这项运动中，才能更好地为高校大学生网球运动的发展做出贡献。

第四节　棒球运动的校园开展

一、课堂教学的推广策略

目前，学校体育教师基本上是专职教师。这些教师接受高等体育教育后直接任教，他们在竞技棒球上的实践机会比较有限，在棒球课程中主要是为了完成教学任务，将棒球的理论知识和技能传授给学生。根据项目自身特点及教学目的、授课方式等因素，我们将棒球运动在中小学体育课与高校体育课中的推广策略分别进行研究。

（一）棒球运动在小学体育课中的推广策略

根据教育部规定，中小学生应每天保证体育锻炼 1 小时，实际情况则大多缩水或以早晚操、课外活动等形式存在，有组织的统一课堂教学在项目开展中的作用就显得尤为重要。中小学体育课程以全面锻炼身体，促进正常的身体发育，初步掌握体育基础知识、基本技术和基本技能为教学目标。小学阶段的班级人数一般不超过 45 人，男女生各项身体机能差距不明显，完全可以进行统一授课。项目开展中建议以防守或传接球游戏为主要教学内容：以传接球促进相互信任；以垒间活动促进身体锻炼；以棒球规则传达集体意识，促进团队合作；以新颖的竞赛方式培养学生对体育活动的兴趣，发展每一个人的创造性和进取精神。

击球练习对青少年手眼协调有极好的锻炼作用，但在课堂教学中开展往往受限，原因主要有：

挥击练习需要占用大片场地，小学操场一般较小，且多个班级同时占用场地授课的情况很普遍，击出的球方向难以掌握，会对操场上的其他同学构成严重威胁。

对网抛击练习需要大量的网片、球、球棒等器材，对器材需求较大，且在活动中只需双人结组练习，以现阶段一般小学班级规模和授课方式来看，过多的分组会使授课老师难以顾及，每组多人的组织形式则会使学生在活动中多处在空闲状态，造成课堂浪费。

空挥练习对于纠正动作，锻炼技能，熟悉技巧有很大的帮助，但过程极其枯燥且强度较大，在有限的课堂教学时间里，对于以促进身体发育、培养学生体育兴趣为主的小学体育课，此项练习的效果往往不佳。

"Tee-ball"作为一项棒球启蒙游戏，避免了其他球类集体项目的激烈身体碰撞，Tee-ball 的器械多为 PVC、发泡泡沫或塑料制品，有效减免了运动伤害，最适合此年龄段学生开展。规则与棒球相近，一般不设投手，队员以击打固定架上 11 英寸的泡沫球为主要内容。场地要求灵活，也可在室内开展，一般垒间距离 15 米左右，本垒打距离在 45 米左右，参与学生可根据场地情况随时调整。

（二）棒球运动在中学体育课中的推广策略

中学阶段的学生会逐渐进入青春期，男女身体发育差异逐渐显现，力量、速度、耐力、柔韧等因素带来的变化会使男女生无法更好地一起练习，这也是很多中学采取体育课男女生分开授课的原因。中学的操场等环境相对小学来说开阔许多，但实际课堂中在小学阶段就存在的场地器械问题依然存在。随着年龄的增长，根据学生力量、技巧和控制力可以选用软式棒球，增加接传球的防守内容，完成完整的棒球比赛。

此阶段学生可改打"软式棒球"，俗称"空心球"，球心中空是它最大的特征。软式棒球由橡胶制作，分为 ABCD 四种型号。A 号是一般常见的软式中空球，BC 及 D 号球则是专供少棒使用的软式中空球。因为软式棒球比较小，重量也较轻，不容易受伤，软式棒球规则与正式棒球无异，场地要求比正规场地小很多。

除了"软式棒球"，"慢投垒球"也是此阶段较为适合校园开展的棒球项目，"慢投垒球"是棒球运动系列的一种。现代垒球由美国芝加哥法格特划船俱乐部的 G. 汉考克和明尼苏达州明尼阿波利斯的消防员 L. 罗比于 1887 年和 1895 年先后提出，经后人整理改进演变成现今的垒球和慢投垒球。其场地和器材与棒球相似，竞赛规则也基本相同，与棒球不同之处主要是垒球球体较大而软，球棒稍细，场地较小，垒间和投手距离也较短。在竞赛规则方面，投手限用低手投球，且对抛球高度有一定要求，这样便限制了投手球速，增加了其安全性。

（三）棒球运动在高校体育课中的推广策略

高校体育课教学目的意在通过体育教育和科学的体育锻炼过程，达到增强体质、增进健康和提高体育素质的目的。棒球在普通高校体育课中一般以公共选修的形式出现，此阶段的体育课可供学生选择的体育项目种类繁多，其班级规模不会再出现中小学里动辄五六十人、多则更甚的情况，男女生共同选课、授课，统称为棒球，很少区分"男棒""女垒"。

由于棒球在我国发展水平并不高，群众基础相对薄弱，通过走访部分已开设棒球课程的高校我们发现，即便到了高等教育阶段，以前接触过棒球的学生也寥寥无几，大多数学生棒球基础几乎为零，使得各高校棒球体育课的内容与开设棒球的中小学无异，以基本的传接球、击打、规则讲解为主要授课内容。又因高校体育公选课往往禁止学生重复选择体育项目，使得授课要求进度更快、内容更全，深度则较浅。基于设施器材的提高，班级人员的减少，棒球的内容得以全面开展，高等教育阶段的学生理解能力相对较强、技能提高较快的特点，规则理论的讲解尽可能穿插在技能练习中，可大大提高教学进度。

课堂教学练习中我们可以采用"硬式棒球"，让学生体会标准棒球运动的魅力，全场练习活动时，还是以"软式棒球"与"慢投垒球"的方式开展更为合适。

二、课外活动的推广策略

在有限的课堂条件下面向全体学生的简单教学只能使同学们初步掌握棒球技能，概括地了解此项目规则，但作为一项竞技性运动，只有在高水平对抗中才能彰显它的魅力，这就需要有效地利用课余时间对喜爱棒球的同学进行强化训练，反过来促进课堂教学氛围。

（一）中小学课外活动

北京市教委通知要求九年义务教育阶段学生每周课外活动时间不得少于 3 天，每天不低于 1 小时，学校作为承担主体，以政府购买服务的方式开展体育、文艺、科普等社团活动。其课外活动辅导教师的构成为：符合学校开展活动需求的高校、具有资质的民办教育机构的教师；体育俱乐部、少年宫、科技馆等校外机构的教练员及教师；具有专业特长的各类人才，例如运动员、教练员、艺术家、科学家等各领域的专业人才；符合条件的志愿者等。通过政府推动为棒球运动在学生中开展提供了便利，多元化的师资及硬件条件构成了棒球活动的基础。课外活动中学生以运动队或社团的方式组合在一起，利用学校空闲资源或加入体育俱乐部，系统深入地开展练习，同时也为社会中专业棒球教练员提供了舞台。

北京市长期开展棒球的 20 余所中小学都是利用学生的课外活动时间来开展棒球运动，在北京市棒垒球协会的推动下，一批具有实力、资质的俱乐部或个人参与到其中来，丰富了学生课外活动内容，分担了学校辅导压力，同时又给热爱棒球的孩子提供了专业的指导训练。河北省与之相比则逊色很多，这里既有政府投入的差距，也有家长和学生的认识差距，同时河北省也缺少具有资质能够提供专业棒球辅导的课外辅导人员。

（二）高校棒球社团组织

高校里的棒球社团一般基于成员兴趣，对棒球项目具有共同爱好，为满足成员精神、体质需要而建立的社团组织，从目前来看此类社团组织形式是高校社团里主要的组织形式。自发组织、自主参与、成员广泛，但其内部构成较为松散，不具有约束力，且此类社团校方一般不参与其中的管理。活动中只能根据成员水平进行经验交流，不以竞技为目的，活动中以娱乐为主，对提高成员技战术水平并无太大帮助，但又因其成员的广泛性、活动的娱乐性，又是棒球运动在高校学生中推广普及的主要力量。

清华、北大、北航、北交大、河北农大等 12 所高校，除了开设棒球课程外还建有棒球社团组织，拥有自己的棒球队。这些学校的棒球社团都是自我管理，学校除了提供场地外，鲜有更多管理。即便都是自我管理，情况也不尽相同，就像现在唯一一所拥有自己棒球场的清华大学，其日常训练、开展活动也是采用老队员带新队员的方式，其留学生的水平对球队帮助很大，队长负责球队的日常管理。北京交通大学开设棒球也已很多年，其中不乏毕业生资助母校球队，聘请专业的棒球教练员负责球队日常训练、比赛。其中也有很多像河北农业大学棒球队的情况，学校难以提供更多帮助，社团球队活动只能依靠学生们的热情来开展。这便出现了学校间水平参差不齐，差距明显，整体水平偏低的现状。

（三）学校运动队

学校棒球运动队是各学校根据本校学生的棒球技能水平进行选材，由校方指导组建，以参加比赛为目的的棒球组织，此类球队在我国各阶段学校中都有组建。球队成员相对固定，且具有一定的技战术水平，学校指派教练员或老师进行指导训练，有相对固定的训练时间、训练场地，学校为其提供相应的训练设备。

此类高校的代表有北师大、首师大、北体、北理工等具有体育类专业的高校，或是北理工附中、北大附小、丰台实验、石家庄四中、保定四中等拥有棒球传统的中小学。这些院校的教练员要么从事过专业棒球训练，要么从事棒球教学多年，具有丰厚的教学经验。

三、易化规则，趣味性推广策略

在校内棒球运动推广中，棒球项目规则复杂、技术难度高、器材昂贵、场地要求特殊是该项目在校园推广的主要客观困难，结合棒球运动在我国发展的实际情况，项目自身的变通是必要的改变。

（一）易化规则

棒球规则可大致分为比赛场地及设施规定，场上局面和名词定义，球员、教练员及裁判员行为规范 3 大类，10 小项，200 余条，如此复杂、细致的规则，在初学阶段并不完全适用，为适应在校园学生中开展推广，我们可首先降低比赛场地及设施要求：利用围网弥补学校操场场地形状缺陷，降低改造成本；采用活动垒位，方便调整场地；缩短垒间距及投手距离，取消投手坡；根据技术水平采用软式棒、垒球或 PVC 发泡橡胶球，选择相应的金属或竹木球棒，降低危害。

鼓励进攻的同时降低防守难度，促使场上产生更多局面，棒球比赛因其规则的特殊性，每局比赛中，攻守双方位置不能交换，每个局面的产生都离不开双方的参与，因此我们可将攻守双方结合到一起，挖掘比赛规则可修改的地方。棒球比赛最精彩之处在于击球，双方的博弈在击球的一瞬间爆发，又在某一个局面下停止，这种博弈有时可能只为安全站上 1 垒，有时为了连续攻垒，又或是为了给垒位上的队友创造更多机会，总之只有在将球击打在有效区内，才能形成更多的局面，使场上队员更多地参与到局面中来，增加比赛的可参与性、观赏性。为了达到鼓励进攻的目的我们会采用：

（1）保留投手的投球环节，限制球速、取消变化球、以抛球动作代替投球动作、以垒球代替棒球。

（2）取消投手投球环节，在本垒板上摆放固定支架，击球员改打固定球，这样即保证了好球率，提高了比赛效率，又降低了击球难度，为击球员上垒提供了便利条件。

（3）保留投手防守位置，改为接手抛球，接手抛球给击球员挥击，可采用直抛、斜抛、自由下坠或后抛。直抛、斜抛难度最小，可用于击球能力有限的打者，由接手在击球员身体正前方或斜前方，将球抛入击球员的好球区，待击球员将球击出后回到本垒位进行防守，此方法对击球员不具有限制性，意在鼓励击球员击球；后抛、自由下坠则适用于具有一定击球能力的打者，击球员正常站位，由接手将球从击球员身后或侧后方抛入好球区，又或是接手站在击球员身体正前方持球尽量高于好球区，松手后让球自由落体进入好球区，此方法加大了打击难度，不使防守方压力过大，形成一边倒局面。

（4）增加出局人数，比赛中规定进攻方 3 人出局，双方交换攻守，我们可以通过增加出局人数限制，使更多队员有上场比赛的机会。

（5）取消偷垒行为，在取消投手投球或投、接手不具备限制跑垒员能力的情况下，取消偷垒行为，使比赛更公平。

（6）增加场上防守队员位置，棒球比赛的场上防守队员为9人，且位置固定，防守范围有限，比赛中途不得随意变换。由于外场面积大，防守人员少，可根据实际情况在外场处增加防守队员，降低攻方连续进垒的机会。

（二）拆解项目内容，增强趣味性

在美国，由 MLB 外延出一项专门的"威浮球"击球比赛，此项比赛区别于传统的本垒打表演赛，此球研发初期只为提高球员击打变化球的能力，因其出色的变化能力使得很多球员以投出更加飘忽不定的球路为乐趣，击球员以击打诡异的变化球为傲。击球时采用的球棒比标准球棒略细，威浮球采用空心且表面具有孔洞或实心表面有纹路设计，标准棒球般大小，重量轻，即使击球中身也无害，降低了运动危险性。此球因空气动力学等原因，高速旋转中的飞行轨迹飘忽不定，使投手很容易投出飞行诡异的变化球，且变化球球速远高于普通棒球投出的变化球球速，以至于接手甚至投手本人都无法准确判断投球的飞行轨迹。此项比赛只设一名投手、一名击球员和两名防守队员上场竞技。由于威浮球重量轻，击出的球飞行速度慢、距离近，防守方无须配备防守手套，场地要求一般在30米左右，易于开展。与"威浮球"原理类似的还有"匹克球""波动球"，两者都因变化能力不如"威浮球"，多用于专业辅助训练，未做趣味开发。

借鉴其演变模式，为方便棒球运动在学校里推广，还可以提取项目本身的某一个环节，进行单独开展，使学生们接受起来更容易，课堂的教学内容也可精简，学生只用学习棒球运动里的某一方面。例如保留投击打环节，取消场上防守，将注意力集中到打击环节，两两对抗，既保留了竞技中的乐趣，又利于参与者水平的提高。此项活动可在笼中进行，也可面对围网开展，此时以增加投球难度为主要对抗内容，场地宽裕的情况下，可以自由击的形式开展，增加击球飞行轨迹、落点等内容的限制。如需进一步精简内容，投手可用发球机替代，此时活动的唯一亮点就是击球员的打击能力，因发球机价格昂贵，且同时只能为一名击球员发球，不便于在课堂教学中应用。

除了击球，防守形式同样可以用来发挥，我们还可以利用躲避球的游戏规则，采用棒球接传球、投掷的技术。与躲避球规则不同的是，在固定区域内将队员分成两组，利用手中的球向对方防线投球，队员任务不是躲避来球，而是要想尽办法接住来球对方投出的球。此活动可以锻炼学生的手眼协调、灵敏、投掷、奔跑、团队间的分工协作等能力，既可作为比赛，又可作为娱乐活动，较为适合在课堂中开展。

参 考 文 献

[1] 全国体育学院通用教材编写委员会. 篮球运动教程[M]. 北京：人民体育出版社，2001.

[2] 全国体育学院通用教材编写委员会. 运动生物力学[M]. 北京：人民体育出版社，1990.

[3] 白金申. 篮球实践荟萃[M]. 北京：人民体育出版社，1995.

[4] 杜存锋，孙莉. 体育新课程教学法[M]. 北京：开明出版社，2003.

[5] 高鹗，李峨恒. 现代篮球训练理论与实践[M]. 北京：人民体育出版社，1988.

[6] 高子琦等. 排球裁判法图解[M]. 北京：北京体育大学出版社. 2002.

[7] 郭廷栋. 竞技举重运动[M]. 北京：人民体育出版社，1990.

[8] 过家兴. 运动训练学[M]. 北京：北京体育学院出版社，1986.

[9] 胡学明. 体育教育专业试题库（篮球试题库）[M]. 天津：天津科学技术出版社，1998.

[10] 黄汉升. 球类运动——排球[M]. 北京：高等教育出版社，2009.

[11] 黄济湘. 世界排坛百年风云[M]. 上海：上海教育出版社，1998.

[12] 季浏，胡增荦. 体育教育展望[M]. 上海：华东师范大学出版社，2001.

[13] 季浏. 高中体育与健康课程标准解读[M]. 武汉：湖北教育出版社，2002.

[14] 寇振声. 篮球教学与训练法[M]. 北京：人民体育出版社，1987.

[15] 刘汉卿. 体育教学法[M]. 郑州：河南科学技术出版社，1991.

[16] 刘建和. 运动竞赛学[M]. 成都：四川教育出版社，1990.

[17] 马尔科姆·库克. 足球训练与球队管理[M]. 北京：人民体育出版社，1999.

[18] 毛振明. 探索成功的体育教学[M]. 北京：北京体育大学出版社，2001.

[19] 毛振明. 体育教学科学化探索[M]. 北京：高等教育出版社。1999.

[20] 钱光鉴，杨世勇. 中国举重运动史[M]. 武汉：武汉出版社，1996.

[21] 全国体育学院教材委员会. 体育学院通用教材运动训练学[M]. 北京：人民体育出版社，1990.

[22] 全国体育院校教材委员会. 体育院校函授教材运动训练学[M]. 北京：人民体育出版社，1999.

[23] 邵伟德. 学校体育学理论与教改探讨[M]. 北京：北京体育大学出版社，2002.

[24] 盛琦. 裁判学[M]. 北京：学术书刊出版社，1989.

[25] 时卫东. 现代足球教学与训练游戏[M]. 北京：中国科学技术出版社，2004.

[26] 宋继新. 竞技教育学（修订本）[M]. 北京：人民体育出版社，2003.

[27] 孙民治. 篮球运动教学训练试题解答[M]. 北京：人民体育出版社，2001.

[28] 孙民治. 现代篮球高级教程[M]. 北京：人民体育出版社，2004.

[29] 唐思宗，杨世勇. 身体训练学[M]. 成都：成都科技大学出版社，1992.

[30] 田麦久，武福全，等. 运动训练科学化探索[M]. 北京：人民体育出版社，1988.

[31] 汪玮琳. 运动竞赛学[M]. 北京：中国经济出版社，2004.

[32] 王崇喜. 球类运动——足球[M]. 北京：高等教育出版社，2005.

[33] 王家宏. 篮球[M]. 桂林：广西师范大学出版社，2003.

[34] 谢亚龙，王汝英. 中国优势竞技项目制胜规律[M]. 北京：人民体育出版社，1992.

[35] 徐利，钟秉枢. 科学发展观视野下的排球运动科学探索[M]. 北京：北京体育大学出版社，2011.

[36] 许瑞勋. 排球运动文化导论[M]. 北京：人民体育出版社，2014.

[37] 亚足联．亚洲足球教练员 C 级培训教程[M]．北京：人民体育出版社，2004．

[38] 杨九俊．新课程说课、听课与评课[M]．北京：教育科学出版社，2004．

[39] 杨世勇，刘青，徐明．跆拳道[M]．成都：四川科学技术出版社，2001．

[40] 于振峰．篮球[M]．西安：陕西科学技术出版社，1993．

[41] 虞重干．排球运动[M]．北京：人民体育出版社，1999．

[42] 张岱年，方克立．中国文化概论[M]．北京：北京师范大学出版社，1994．

[43] 张雄，徐济成．NBA50 年[M]．北京：人民体育出版社，1997．

[44] 运动竞赛学编写组．运动竞赛学[M]．北京：北京体育大学出版社，1994．

[45] （美）约翰·拜尔．组织成功的竞赛[M]．高赞，译．北京：人民体育出版社，2000．

[46] （美）图多·博姆帕．运动训练理论与方法[M]．马铁，郭小燕译．北京：人民体育出版社，1990．

[47] 李岳生．静力练习法发展肌肉力量的生物学基础与实践运用[J]．中国体育科技，1981（1）：35．

[48] 高润花．排球运动与运动伤病[J]．中国排球，2001，40-41．

[49] 祝嘉铭．精彩纷呈的雅典奥运会排球赛[J]．中国排球，2004，（6）．